中外文稀有版本文献

《论住宅问题》

③

新哲学手册

【德】弗里德里希·恩格斯 ◎ 著
周建人 ◎ 译

中央编译出版社
CCTP Central Compilation & Translation Press

《论住宅问题》的出版与传播

（代序）

作为解析现代化进程中欧洲城市住宅问题产生原因与解决方案的经典文本，恩格斯的《论住宅问题》一直为欧洲左翼哲学家、政治学家、社会学家和政治经济学家津津乐道，这个德文著作被翻译成多种语言的版本并产生持续的影响力。随着《论住宅问题》在中国的出版和传播，马克思主义住宅观念也得到中国学者的深入阐释，并在中国住宅问题呈现的不同时期获得新的时代内容。梳理这些版本的流变，探究各版本编辑和出版的思路，有益于深化我们对该文本历史原貌的理解。

一 《论住宅问题》在欧洲的出版与传播

在欧洲流传的《论住宅问题》主要有四种语言的版本，即德语、俄语、英语和法语。从内容和文章大体的样式看来，这四种语言的版本没有重大改动。德文版源自恩格斯当年修订的版本，同后来俄文版的影响一样大，而英文版和法文版出现得较晚。下面详述之。

1.《论住宅问题》德文版。《论住宅问题》最早是以在德文报纸上发表的形式与读者见面的，它是由恩格斯在 1872—1873 年为莱比锡《人民国家报》撰写的三篇文章——第一篇写于 1872 年 5 月 7—22 日，第二篇写于当年 10 月，第三篇写于当年 12 月——组成的。这三篇文章后来分别由《人民国家报》于 1872 年 12 月—1873 年 3 月间在莱比锡出版了单行本。1887 年 3 月，《论住宅问题》在霍廷根—苏黎世出版了第二版，恩格斯对这一版作了一些修改和补充，并写了一篇序言。[①] 从1972年6月26日的《人民国家报》来看，报纸最上端的正中间用哥特体写着“Der Volkstat”，内容分成三栏。1872年莱比锡的单行本外皮全黑，里面第一页最上方是标题“Zur Wohnungsfrage”，标题下方是“von Friedrich Engels”，再下一行是“Wie die Bourgeoisie die Wohnungsfrage-löft”，然后是出版信息“Volkstat”和“Leipzig 1872”。这些信息表明：“弗里德里希·恩格斯著”的“论住宅问题”“由人民国家报出版”，即“莱比锡1872年版”。全书共32页，分成三部分，每个部分用拉丁文数字Ⅰ、Ⅱ、Ⅲ分开，分别对应这三篇文章，正文采用哥特体印刷。

除了上述莱比锡1872年版和霍廷根—苏黎世1887年版，还有三种有代表性的德文单行版。按时间顺序来说，第一本是Contumax Gmbh & Co. Kg于2011年1月11日出版的，它的封皮是天蓝色的，右下角有一座白色灯塔，封面从上往下依次印刷着白色的字样——“Friedrich Engels”和“Zur Wohnungsfrage”；该版本为平装，共86页，尺寸为0.5×18.6×24.2厘米，重168克。第二本是Nabu Pres于2012年4月9日出版的，封皮上面三分之二为一座荒废的建筑的插图，下面是白黑绿三块，分别印有“Zur Wohnungsfrage”和“Friedrich Engels”；该版本为平装，共76页，尺寸为0.4×18.6×24.2厘米，重154克。第三本是Tredition Clasics于2012年4月20日出版的，它的封皮是白色的，在右边靠上的部分画有一个工人模样的半身像，紧挨着半身像下印着“PRO-JEKT.GUTENBERG.DE”，封面从上往下依次印刷着黑色的字样——“Friedrich Engels”和“Zur Wohnungsfrage”，该版本为平装，共108页，尺寸为0.6×12.7×19.5厘米，重113克。这三个版本在内容上没有区别，只有细微的排版区别。

除了上述单行本外，还可以在德文版《马克思恩格斯选集》和《马克思恩格斯全集》以及其他相关文本中找到被收录其中的《论住宅

① 《马克思恩格斯文集》第3卷，北京：人民出版社2009年版，第661—662页。

问题》。比如，Internationaler Arbeiter - Verlag 在 1930 年出版的 Elementarbücher des Kommunismus 第 17 卷中就收录了《论住宅问题》，内容有 112 页，编者是 Paul Friedländer。还有的书只收录了《论住宅问题》的一部分，比如，由 VS Verlag für Sozialwisenschaften 在 2007 年出版的，名为 Die Stadt in der Sozialen Arbeit 的书第 16—19 页收录了《论住宅问题》1887 年序言，它的编者是 Detlef Baum。

2.《论住宅问题》俄文版。早在十月革命前的 1892—1893 年，莫斯科的马克思主义小组就翻译了《论住宅问题》。苏联的第一本俄文单行本于 1953 年出版，其后有代表性的单行本有：莫斯科 Прояресс Б. г. 出版社 1978 年版，莫斯科进步出版社 1979 年版，政治文献出版社 1983 年版和 1985 年版，莫斯科 Прояресс Б. г. 出版社 1986 年版和 1988 年版，以及 1990 年由乌兹别克斯坦党史研究院编译出版的《论住宅问题》。2012 年，Либроком 出版社出版了该书俄文最新版。

除了上述单行本外，《论住宅问题》的三篇文章及其第二版序言分别被收录于 1928—1941 年苏联马克思恩格斯研究院出版的《马克思恩格斯全集》俄文第一版（共 28 卷）第 15 卷第 1—81 页和第 16 卷（上）第 274—283 页。1955—1966 年，苏共中央马列主义研究院出版了《马克思恩格斯全集》俄文第二版，共 39 卷（42 册）。《论住宅问题》及其第二版序言分别收录在该版全集第 18 卷第 203—284 页和第 21 卷第 334—344 页。

3.《论住宅问题》英文版。《论住宅问题》的英文标题是"*The Housing Question*"。由 INTERNATIONAL PUBLISHERS 和 SOCIETY OF FOREIGN WORKERS 在纽约联合出版的精装 32 开英文单行本据称是第一个《论住宅问题》英文版。它由 C. P. Dutt 主编，封皮为粉色，由上至下印刷着"The First Time in English"，"THE HOUSING QUESTION"，"Bourgeois housing schemes analyzed; a critique of petty-bourgeois socialism and reformism; the revolutionary solution"，"By Frederick Engels"。在封皮的内侧，编者对恩格斯这本书进行了简单的介绍和评

论，认为这本书清晰地阐述了马克思主义对于住宅问题的观点，尤其谈到了国家的本质、工业的增长和资本主义对农村的变革，是一本仍有现时效力的书。该版本共 103 页，第一部分是 1887 年序言，第二部分是正文，分为三部分，每部分用拉丁数字 Ⅰ、Ⅱ、Ⅲ标明；第三部分又用拉丁数字 Ⅰ、Ⅱ、Ⅲ、Ⅳ分为四小部分。该单行本几乎没有什么注释，更没有人名索引，出版年限也没有标明。另一个英文单行版是由 FOREIGN LANGUAGES PUBLISHING HOUSE 于 1955 年在莫斯科出版的。它的大小几乎只有前者的一半，封皮为浅黄色，从上往下印刷着“F. ENGELS”,“THE HOUSING OUESTION”和“FOREIGN LANGUAGES PUBLISHING HOUSE”，扉页的右上角由后往前印着马恩列斯的头像，下方印着“LIBRARY OF MARXIST-LENINIST CLASSICS”的字样。在出版信息中提到该版是从 1887 年第二版德文版直接翻译成英文的。从排版上看，和万国出版社纽约版没有多少区别，但是它多了人名索引，注释也略微多了一些，正文加索引的内容达 168 页。与该版单行本非常类似的还有 PROGRESS PUBLISHERS 于 1954 年在莫斯科出版的《论住宅问题》，后来又分别在 1955 年和 1970 年出版了第二版与第三版。

除了上述单行本外，还可以在英文版《马克思恩格斯选集》和《马克思恩格斯全集》中找到《论住宅问题》。比如，由 FOREIGN LANGUAGES PUBLISHING HOUSE 于 1958 年在莫斯科出版的《马克思恩格斯选集》第 1 卷第 546—636 页就是《论住宅问题》。该选集封皮为白色，印刷字样为深蓝色，为纸皮包裹的精装本。从排版上看，该版本和前面提到的英文单行本没有什么不同，内容也几乎一样，只不过在该书出版信息中提到该卷是从俄文两卷本的《马克思恩格斯选集》翻译成英文的。由于这个选集中收录的《论住宅问题》和该出版社发行的单行本内容一样，英译者应该对照过德文版和俄文版。相比单行本而言，该选集收录的《论住宅问题》的注释就丰富得多了。此外，在 INTERNATIONAL PUBLISHERS 于 1975 年和 Lawrence & Wishart Ltd. , London, Progres Publishers 以及 Institute of Marxism-leninism, Moscow

联合出版的《马克思恩格斯全集》第23卷第317—392页中也收录了《论住宅问题》，不过该文缺少1887年序言，其他内容和前者几乎一样。

4.《论住宅问题》法文版。《论住宅问题》的法文标题是“La question du logement”。至少有5种法文版《论住宅问题》。其一是由Osez La Republique Sociale于2012年4月1日发行的平装版，该书的封皮是由斑驳的墙体插图构成的，在封面的上方有一白色的矩形图案，里面用黑色黑体印刷着“La question du”，用红色印着“logement”字样，标题下方是“Friedrich Engels”。其二是由Herne于2009年10月31日发行的无插图的平装版，它是反资本主义丛书（Carnets Anti-Capitalisme）中的一本。其三是Éditions Sociales于1957年1月1日发行的平装本，中型大小，约重350克，有110页。文章由德国人Gilberte Lenoir翻译，前言由François Biloux撰写。它的封皮外围是白色边框，中间是咖啡色矩形，在矩形里面印着“La Question Du Logement”。其四也是由Éditions Sociales出版的，不过该书晚于前者，是于1969年1月1日出版的，页数增加到123页，是马克思主义经典丛书（Clasique Du Marxisme）中的一本，其封面为黄色，中间靠左的地方有一块灰色竖立的长方形，里面依次印着“Friedrich Engels”和“Laouestion Du Logement”。其五是第三个版本在1976年1月1日的重印。这五个版本在内容上没有什么区别，都是分为四部分：序言（Préface）；第一部分，蒲鲁东是如何解决住宅问题的（Comment Proudhon résout la question du logement）；第二部分，资产阶级是如何解决住宅问题的（Comment la bourgeoisie résout la question du logement）；第三部分，再论蒲鲁东和住宅问题（Remarques complémentaires sur Proudhon et la question du logement）。

由是观之，《论住宅问题》有多种欧洲语言版本，其德文版、俄文版、英文版和法文版近年均有再版，仍有各国热衷马克思主义住宅理论的读者阅读，并有持续的社会影响力。

二 《论住宅问题》在中国的出版与传播

较之《共产党宣言》和《资本论》等马克思主义经典著作，《论住宅问题》传入中国的时间较晚，但一经传入中国便屡屡引来研究者的目光。迄今为止，该文本有周建人和周晔译本、曹葆华和关其侗译本、贾植芳译本、莫斯科中文本、中央编译局译本等多个中译本，在《马克思恩格斯全集》《马克思恩格斯选集》《马克思恩格斯文集》中都能看到该文本的全景。下面详细述之。

1. 周建人和周晔译本。从目前掌握的资料来看，《论住宅问题》第一个中译文出现在周建人翻译的《新哲学手册》中。出版于 1948 年 8 月的《新哲学手册》是 32 开的竖排平装本，全书为繁体字，共 147 页，是周建人根据英国人朋司（E. Burns）选辑的《马克思恩格斯哲学著作集》翻译的。该书封面的正中位置竖写“新哲学手册”五个红字，左右两边分别写有“大用图书公司出版”和“英 · E. 朋司选辑”“周建人译”。出现在《新哲学手册》中的《论住宅问题》书名被译为“居住问题”，它是《新哲学手册》7 篇译文中的第 6 篇，位于该书第 117—125 页。恩格斯被译作“恩格尔斯”。在该译本的开头，译者简略介绍了《居住问题》的写作背景及主旨。译文分两部分，第一部分题目是“普鲁东如何解决居住问题”，第二部分题目是“资产阶级如何解决居住问题”。这两部分译出的只是《论住宅问题》第一篇和第二篇的部分段落，主要是《马克思恩格斯文集》中文版第 3 卷第 250—254、264、275—276、280—281、299 页的内容。

为什么不译全文呢？这可以在附于该书末页的《译者短记》中得到答案：朋司在选辑马克思恩格斯著作时主要把可以直接反映马克思恩格斯思想内涵（即“新哲学的道理”）的文字摘录出来，而把直接反驳对方的话删掉了，因而《居住问题》乃至全书呈现的就是这种样貌。周建人认为，这样可以减轻读者的阅读负担，有利于读者明白书中的道理。此外，周建人还在《译者短记》中说明，自己在抗战时期着手翻译《新哲学手册》，之后因为一些事情耽搁下来。后来是由自己的女儿周晔翻译完成了《新哲学手册》的后两篇文章，《居住问题》便是其中的一篇，周建人对译文进行了校订。① 因而，该文本的第一个中文版的译者是周建人和周晔。

2. 曹葆华和关其侗译本。《论住宅问题》的完整中译本是在20世纪50年代初期出现的，第一个完整的中译本是由曹葆华和关其侗完成的。1951年8月，人民出版社出版了由曹葆华、关其侗翻译的书名为《论住宅问题》单行本，该单行本为32开竖排平装本，全书为繁体字，共157页。包括恩格斯的3篇文章及序言，页底有脚注，书尾有译后记。该书主要是根据《马克思恩格斯文选》（两卷集）俄文本和英文本翻译的，与俄文本与英文本不一致的地方，则参考德文本译出。② 这个版本的《论住宅问题》在20世纪50年代初曾由人民出版社重印多次，1951年初版是白色封皮，四周印有雕刻效果的黄色花纹，中间空白位置处竖写“论住宅问题”，“论住宅问题”左右两边分别是“人民出版社出版”和“恩格斯著”，一下一上错落竖排。之后，1953年5月第2次印刷，1953年10月第3次印刷的《论住宅问题》则改为白色封皮，封皮中央是红色的五角星，封皮正上方是横排的两行字“恩格斯”和“论住宅问题”，分别用红色和金黄色印刷。

3. 贾植芳译本。1951年11月，贾植芳根据日本岩波文库出版的加田哲二的日译文翻译的《住宅问题》由上海泥土社出版，该书为32开竖排平装本，全书为繁体字，共174页。其中前言6页、正文167页、编后1页，白色封皮，封皮的顶部和底部分别是红底白字的德文“FRIEDRICH ENGELS”和“ZUR WOHNUNGSFRAGS”，封皮右上角是

① E. 朋司：《新哲学手册》，周建人译，上海：上海大用图书公司1948年版，第148页。

② 恩格斯：《论住宅问题》，曹葆华、关其侗译，北京：人民出版社1951年版，第157页。

恩格斯的头像，封皮中间横写“住宅问题”和“恩格斯著”“贾植芳译”。该书包括写于1949年8月1日的《译者前言》、恩格斯的原序、恩格斯的3篇正文以及写于1951年10月30日的《出版者言》。

译者在《译者前言》中简要介绍了该书的内容及翻译的版本，提到加田哲二是根据“1887年刊行的订正版第二版，作为社会民主主义文库（sozial de mokratische Bibliothek）的第十三册而出版的本子”①翻译的。据《出版者言》介绍，该书即将出版时，恰逢曹葆华和关其侗的同书译本刚出版不久，本不打算重复出版，但是经过仔细对比发现，两书“颇有出入之处，故仍印行”②，以供读者参考。此外，该书正文中第三篇的标题与其他版本的标题略有不同，篇名为《关于蒲鲁东及住宅问题的补遗》，其他版本则多为《再论蒲鲁东和住宅问题》。

4. 莫斯科中文本。1954年，莫斯科外国文书籍出版局出版的繁体横排的红布面精装本《马克思恩格斯文选》（两卷集）第1卷第526—610页收录了《论住宅问题》，它包括恩格斯的3篇文章以及序言，页底有脚注。此卷由苏共中央马克思恩格斯列宁斯大林研究院集体编译，由国立政治书籍出版局出版，值得提及的是，谢唯真作了校订工作。1958年1月，人民出版社将莫斯科外国文书籍出版局出版、谢唯真校订的《马克思恩格斯文选》（两卷集）重印出版。

5. 中央编译局译本。1964年10月出版的《马克思恩格斯全集》第18卷第233—321页和1965年9月出版的《马克思恩格斯全集》第21卷第372—382页中分别收录了《论住宅问题》的3篇文章和序言，并且在第一篇文章之前附上了该文本的扉页图片。此外，在第18卷卷末有35条相关注释，在第21卷卷末有12条相关注释。这3篇文章及其序言是以《马克思恩格斯文选》（两卷集）莫斯科中文版为基础校订而成的。后来出现在《马克思恩格斯选集》（1972年5月版）第2卷第459—550页和《马克思恩格斯选集》（1995年6月版）第3卷

① 恩格斯：《住宅问题》，贾植芳译，上海：上海泥土社1951年版，第2页。
② 恩格斯：《住宅问题》，贾植芳译，上海：上海泥土社1951年版，第2页。

第131—223页的《论住宅问题》都选自《马克思恩格斯全集》第一版第18卷和第21卷。2009年，《论住宅问题》的3篇文章及序言又载于《马克思恩格斯文集》第3卷第235—334页。而且在第一篇文章之前附加了当时该文本扉页图片，在第二篇文末附加了恩格斯手稿第一页图片，在书后附有22条相关注释。与以前不同的是，这四篇文章译自《马克思恩格斯全集》历史考证版（$MEGA^2$）第一部分第24、31卷，参考了《马克思恩格斯全集》德文版第18、21卷以及我国以前的译本，因而更具完整性和权威性。正因为此，2012年9月出版的《马克思恩格斯选集》第三版第3卷第179—273页中收录的《论住宅问题》根据2009年12月初版的《马克思恩格斯文集》第3卷编译，不过其注释与《马克思恩格斯文集》稍有不同，增加了对文章中出现的某些杂志名称的注释。

可见，《论住宅问题》的上述五种中译本各具特色①，通过翻译自不同语言版本如德文版、俄文版、日文版、英文版等译本之间的对比参照，可以更好地把握恩格斯原著的思想精髓。其中，中央编译局最新版的该文本可谓参照以上诸版本之集大成者，并在译文中体现了现代中文的话语特色，尤其具有学术价值。

（本文来自2014年中央编译出版社的臧峰宇所著《恩格斯〈论住宅问题〉研究读本》有关内容。）

① 《马克思恩格斯著作中译文综录》（书目文献出版社1983年版）的编者曾对《论住宅问题》的中文版本做过梳理工作，但不甚详细且有些印刷错误。具体情况，可参看该书第269—270页。

新哲學手册

英·E·朋司选輯
周建人·譯

大用圖書公司出版

新哲學手冊

英·E·朋司選輯
周建人譯

大用圖書公司
中華民國三十七年八月

新哲學手冊

選輯者　英·E·朋司
譯者　周建人
出版者　大用圖書公司
上海(○)河南中路八十二號
總經售　世界知識社
電話一八四八九

·基本定價六元·

一九四九年十二月六版

新哲學手冊目錄

恩格爾斯：家族私有財產及國家的起源

家族——半開化與文明。

恩格爾斯：居住問題

普魯東怎樣解決居住問題——資產階級怎樣解決居住問題。

馬克思：哲學的貧乏

治經濟學的形上學。

馬克思與恩格爾斯

德意志觀念統系

寫於一八四五到六年，祇有其中之一章，曾經當作一篇論文，發表於一八四七年。其他部份，到馬克思死後，在定期刊物上發表出來。全文〔除却失去的幾章〕於一九三二年在莫斯科馬恩列研究院出版。

〔一八四五年，馬克思與恩格爾斯在布晉塞爾住下後，馬克思在政治經濟學批判的序言上說：

「我們決定把我們的意見與德意志哲學之差異共同寫出來，事實上就是我們把以前的哲學思想作一個清算。這種計劃從批評後黑智爾哲學的形式裏來實現。」這部稿子即德意志的觀念系統曾經送到排字人的手裏，但因爲有種種困難，不能够出版。德意志觀念系統大部份是論爭性質的文字，但是因爲對於唯心論，唯物論及辯證唯物論中間的異點之明白說明，至今還是極端重要的。現在把第一章的一部份，講唯物論的概念與唯心論的概念之對立的，翻譯在下面。〕

唯物論的概念與唯心論的概念之對立

觀念系統一般，特別是德意志的哲學

＊觀念系統原文爲 Ideologie，指一種思想統系或體系，亦譯爲意識形態。——中譯者註。

我們所出發的諸前題不是隨意決定的，它們不是獨斷的見解。它們是實在的前題，祇有在想像裏能够把它們抽象化。這諸前題是實在的各個人們，他們的行動，及他們生活的物質條件，——包含現成的與經過他們的行動而產生的這二項。所以，這等前題是可用純粹的經驗方法來證實的。

一切人類歷史的第一個前題當然是有活的個人們存在。所以第一件確定的事實便是這等個人的身體之組織，及與自然界其餘的東西必然要發生的諸關係。我們當然不能在這裏來詳細講解人們的身體上的性質，或者人們所遇到的自然諸條件——地質學的、山水地理的、氣象的、及別的諸條件。不過一切歷史研究必須從這等自然條件，及它們在歷史的行程中，經過人們的行動而發生的變遷這基礎上出發的。

可用意識，宗教，或其他東西，把人們從動物裏分別出來。他們一經開始生產他們的生活資料，就立即把自己從動物裏分別了出來，這一步驟是受他們的肉體組織所規定的。人們由生產他們的生存資料，遂間直生產了他們的物質生活。

人們生產他們的生存資料的方式：第一是依靠於生存資料本身的性質而定的——即那些他們拿來隨意使用的及再生產的資料。

這種生產方式，不要單從這一方面，從個人們肉體生存之再生產（即指生殖——中譯者）來看。事實上，寧可把它看作這等個人們的活動之一定形式，即表現他們的生活之一定形式，即他們的一定之生活方式。個人們這樣表現他們的生活，他們就成爲這樣子。所以他們是怎麽樣的人，與他們的生產——他們生產甚麼及他們怎樣生產二者——相一致。所以怎麼樣的個人們依靠他們生產的物質條件來決定。這種生產，最初是跟着人口的增多而起來的。反過來，人口增多必須他們中間先有個人們的往來。這種往來的形式又由生產來決定……。

所以事實是這樣，一定的個人們，即以一定的方法作生產活動的人們，必然走進這等一定的社會關係與政治關係裏。在各種例子裏，經驗的觀察必定可以看出社會機構及政治機構與生產的聯系——這是經驗的，不帶一點神秘與臆測。社會機構與國家通常是從一定的個人們之生活過程產生的，但是這等個人們，不是能夠在他們自己的觀念中或從別的人民之觀念中表現出來的個人，却是實實在在存在，便是他們在行動，在物質地生產，所以他們是在一定的諸限制，諸原因及諸條件下從事生產的人們，那些東西都是物質的，並不依存於他們的意志。

諸觀念，諸意像，及意識的生產，起初與物質的活動及人們的物質的往來，實際生活的言語，直接相交織。概念，思想，人們的精神往來，因此終於是他們的物質關係之直接流露。精神的生產，如表現在人民的諸政治，諸法律，道德，宗教及形上學之言語上的，的確是同樣的。人們是諸意像，諸觀念等等的生產者，——但是實際的，從事生產的人們，是受一定發展之諸生產力及一定發展之往來的約束，這往來上昇到最遙遠的諸形式仍與諸生產力相應的。意識並不是甚麼別的東西，不過是自覺的生存，人的生存便是他們實際的生活過程。如果在一切觀念系統裏，人們及他們的關係，像在暗箱裏那樣，顯現出來時是上下倒轉的，因從他們的歷史的生活過程發生這種現象，正如從他們的身體的生活過程發生視網膜上的實物倒像一樣。

德意志的哲學是從天上降落到地上來的，我們的與它直接相反，係從地上昇到天上去的。這便是說，我們不從人們說甚麼，想像甚麼，意想甚麼出發，也不從說到的，想到的，想像到與意想到的人們出發，再從那裏順着次序講到肉體的人們；我們是從實在的，生動的人們出發，並從他們的生活過程來說明各種觀念系統的反映之發展，及由這種生活過程而來的諸回聲。便是人們腦裏的幻像，也是他們的物質生活過程之必然補充物，可以經驗地證明，並且與物質前題相結合的。所以各項道德，宗教，形上學，及一切其他的觀念系統，及相應的意識上之諸形式，再不能保留表面上好像獨立的樣子了。它們是沒有歷史的，它們是不發展的；祗有在把他們的物質生產及他們的物質往來發展起來的人們，跟着這種他們實際的存在，也在改變他們的思考及思想的諸產物。不是意識決定生活，却是生活決定意識。在第一種觀察的方式裏，不拿活的個人而拿意識來作出發點；在第二種裏，與實際生活相一致出發點是實在的，生活的個人本身，並且把意識祗看作他的意識了。

這種觀察方式不是沒有基礎的。它從實在的諸前題出發，沒有一刻離開它們的。它的諸前題不是在任何想像的孤立中及固定狀態中的人們，却是實際上經驗地可觀察的在一定的諸條件裏的發展過程中的人們。這種主動的生活過程一經被指出來，即刻歷史就不再是僵死的事實之收集，像經驗論者們那樣，他們是連自己也抽象了的，或者當作一種想像的人生之想像的活動，如唯心論者們那樣了。

臆測既結束，實在生活，實在的積極科學就開始，這是實際活動的人類發展的實踐過程的複寫。

意識的空洞之辭句一經斷落；實在的知識必起而代之。既是眞的事實的複寫，那無所倚靠的哲學便失掉支持它存在的媒質了。它的地位，便被最一般之諸結果之集成物所取得，——這是可從觀察人們的歷史發展裏抽取出來的。取得這等抽象物本身，離開實際的歷史，是絕對沒有價值的。它們祇能使歷史資料容易排列起來，指出它的分開階段的次序。但是它們決不是像哲學一樣，會有一種訣門或公式的用處，可用這方法把歷史的各時代整潔地整理出來的。却是正相反，如果開手拿無論過去的或現在的資料來檢討與編排，實際的提出來，那麼困難確實就開始。如要克服這等困難，却受諸前題的限制，不能夠在這時期指出來，祇有研究了各時代的個人們的實在生活過程與行動，才能夠得到結果。

恩格爾斯

魯德維息·費爾巴哈

最初發表時爲連續的論文，一八八六年登在"Die Neue Zeit"（新時代）上面。

〔恩格爾斯因爲評論斯太克寫的論費爾巴哈一書，就此寫下這些論文。一八八八年第一次印成書的形式時，恩格爾斯在序言上說明：當時叫他寫這評論的時候，在馬克思與他自己所提出的世界觀推廣開去，同時，古典的德意志哲學經驗到「在外國有一種再生，」所以「關於我們與黑智爾哲學的關係，我們的觀點之與它相背，及我們的與它離開，作一個短的，連帶的清算，我覺得愈加必要了。同樣必要的，正在這狂風暴雨的時代，加到我們上面來的影響，費爾巴哈多於任何別的後黑智爾哲學家，這種影響充份的承認，我以爲是一種未淸還的信用欠欵。」費爾巴哈所以是唯物論與唯心論之間，機械唯物論與辯證唯物論之間的相異之極端有價值的說明；下面譯出的文字，不單是說明這等不同點，本身又舉出對於哲學的疑問加以辯證的解釋之例證。〕

唯心論與唯物論

在一切哲學裏，特別是近世哲學裏，巨大的基本問題是關於思惟與存在的問題。從極早的時候起，那時候的人們對於自己的身體之構造還完全不知道，受了夢裏的景像*之刺激，就相信他們的思惟與知覺不是他們身體的活動，却因另外有靈魂住在身體裏的緣故，死的時候，它就離去——從這時候起，人們遂被迫的反想到這種靈魂與外界的關係。如果死時，靈魂離開身體而仍然活着，那就沒有機會可以發見它再死一遍了。於是靈魂不滅的觀念就起來了，當這觀念發展起來的時期，並不是全爲了安慰，實在祇是無法抵抗的命運，而且，像在希臘人裏邊，常常還是積極的不幸。這不是求安慰的宗教欲望，却是對於這靈魂(一經承認它存在)在身體死後，一般不知道處置的方法而起的惶惑，——普通遂由此發生人格不朽的厭倦觀念。最初的衆神，從把自然界的諸力量經過人格化而創造出來，情形實在與這相像的。又跟着宗教的進一步之發展，就把這等神逐漸愈加變爲超出現世的形式。最後，在人的智慧的發展程途上，自然而然發生抽象化過程，即我常常叫作蒸溜作用的，從許多多少有限的又互相限制的衆神，在人們的心中發生一神宗教的一個獨一無二的神之觀念。

因此，思惟與存在相關係的問題，精神與自然相關係的問題，——是全部哲學的最高問題——並不亞於一切宗教，它的根源是埋種在野蠻的狹隘與無知的諸意想中的。但這問題的整個尖銳性第一次

*在野蠻人及下等半開化人裏邊，這種觀念還是普遍的，卽夢裏出現的人們是暫時離開他們身體的靈魂，所以夢裏如他對於夢者有過犯的行爲，眞人是要負責任的。例如，皮·音姆吞於一八八四年見基阿那的印第安人中間就流行着這種信念。

能够提出來，及被看爲有充份的意義，祇在歐洲社會從基督教的中世紀之長期潛伏中已經覺醒過來以後。思惟比較存在先後的問題，在中世紀的經院哲學裏曾經作爲重大的一部份，其實順便說，就是這一個問題，即哪一種原始：精神還是自然？——這問題關係到教會裏時，便尖銳化到成爲「上帝創造世界嗎，還是世界早經存在的呢？」

哲學家們對於這問題提出的諸回答，分裂爲二大陣營。那些主張精神比較自然爲原始的，並且所以在後來的例子裏，遂認爲世界是從這一種或別一種形式裏創造出來的（在哲學家中間，例如黑智爾，這種創造說糾纏得更厲害，且比基督教裏更不堪）——遂成立了唯心論的陣營。別一班，認自然原始的，屬於唯物論的各派。

這二種表示，即唯心論與唯物論，當初的意義不過是這樣；這裏也沒有把它們用在任何別種意思裏去。但如果把別的意義放進去，有甚麼混亂會發生，當在下面加以說明。

但是思惟與存在的關係這問題還有別的方面：即我們對於這圍繞四週的世界發生的思想，究竟對於這世界本身是有甚麼關係？我們的思惟能够認識實在的世界嗎？我們能够在我們的實在世界之諸觀念及諸意想裏產生眞實性的正確反映嗎？在哲學的用語裏，這問題叫做「思惟與存在的同一性」問題。極大多數哲學家，對於這問題都這樣肯定的回答。例如黑智爾，回答的肯定是自明的；因爲照他說來，我們在實在世界裏所知道的東西，恰是它的「思想內容」，——那就是世界由絕對觀念逐步現實化而成，那絕對觀念是從永久的甚麽地方存在下來，不依靠於世界，而且在世界以前已經存在的。

這是直捷了當的說，思想能够知道本來就爲「思想內容」的內容物。也等於說凡是能够證明的東西，實在已經暗暗地包含在贖料裏面的。但是這種情形，並不能阻止黑智爾不向這種思惟與存在同一性的論證裏去抽取更進一步的結論，他的哲學，因爲在他的思惟裏是正確的，所以爲唯一正確的哲學，並且思惟與存在的同一性，祇要人類即刻把他的哲學從理論轉變爲實踐，並且照他的原理改變整個的世界，就能够證明是確實的。這是一種幻想，他與差不多所有哲學家都分擔了一部份。

此外還有一批不同的哲學家，他們懷疑於認識世界(或者至少是徹底的認識的可能性)。在近代人裏面休謨與康德便屬於這一派。他們在哲學的發展裏曾經擔任過極重要的任務。在駁倒黑智爾所曾經說過的意見裏——至多從一位唯心論的立場所能說的話——發過斷然的議論。費爾巴哈所加添的唯物論，技巧實多於淵深。他所最多提出的反駁，像一切別種哲學的空想一樣，便是實踐即實驗與工業。如果我們能够證明對於自然過程的概念之正確性，祇要我們自己把一種東西從它的條件裏提出來，加入供我們的目的之用品裏來使用它，那麼康德的不容易理解的所謂「物自身」就此結束了。生在植物及動物身體裏的化學物質，一逕是這樣的「物自身」，到了有機化學開手把它們一種種的製造下來；於是「物自身」就變爲供我們使用之物了。例如，像那茜草色素，就是茜草裏的顏色質料，現在已經沒有在田野裏種下茜草的麻煩，却很簡單而且便宜地從煤黑油裏製造出來了。在三百年來，哥白尼的星系說是一個臆說，雖有一個不差的一百，一千，或一萬機會來維持它，但終究還是一個臆說。但是到了勒未利挨用了這種統系所供給的村料，不但推論出必定有一顆未知道的行星存在，並且還算出這行星在天體中必然會遇到的位置。到了該爾實在看到這個行星，哥白尼的統系遂被證實了。然而如果新康德派企圖在德意志把康德的概念復活起來，不可知論者們在英格蘭復活休謨的不可知論（事實上它在那裏從來沒有斷絕過），這是——照很久以前他們理論上及實踐上所發表的駁議來看——在科學上是一個倒退，實踐上祇是可恥的偷偷地承認了唯物論，在世界的前面却是反對它的。

但在從迪卡兒到黑智爾，及從霍布斯到費爾巴哈這長久的時期裏，一班哲學家們，並不像他們設想的完全受純粹理性的力量之鼓動。却相反的，實在推他們前進的是自然科學及工業的有力量的而且極快的突飛猛進之進步。在唯物論者裏面，表面上是表示得很明顯的，但在唯心論的統系裏，也在漸漸的填塞唯物論的內容，並且企圖泛神論地調和心與物之間的對立了。所以到末了，黑智爾的統系，表現出來的祇是方法與內容裏唯心論地上下倒轉的唯物論了。

所以，這是容易明白的，斯太克在他的費爾巴哈批評裏第一點要研究的是他在關於思惟與存在關係這基本問題的位置。一篇短的引言，這裏面是前代哲學家們，特別康德以後的見解，是用不需要的笨重的哲學言辭來敘述的，講到黑智爾，過分形式的固執着他的著作裏的有幾段文字，所得遠少於應講。以後接着是詳細敘述費爾巴哈的「形上學」之發展程途，這是照這位哲學家有關於形上學的那些著作之順序改作成功的。這種敘述，像全書一樣，祇有非不可避免之處也堆積着哲學的說法，算是他的勤勉與仔細經營，且作者愈是不保持同一個派別的，或甚至費爾巴哈一人的表現方法，且愈加多插入極不同的派別之用語，，——特別屬於現在蔓衍並且自稱他們為哲學的諸傾向的——結果也就愈加紛費爾巴哈的進展之路程是一個黑智爾派——但不是正統的黑智爾派——轉變爲唯物論者的路程，這一種進展，到一定時期，必然要與他的先輩的唯心論統系完全破裂的。費爾巴哈終於像有不可抵抗的力量逼迫他實際覺得：黑智爾的「絕對觀念」的先世界而存在，及在世界以前存在的「論理學的諸範疇之先存在」並不是別的東西，不過是相信超越現實世界的創造主存在的妄想之遺留；祇有這物質的，五官能够知覺的，我們自己所屬的世界是唯一實在的；並且我們的意識與思惟，雖然它們好像超越五官知覺似的，其實是物質的，是身體上的器官腦的產物。物質不是心的產物，心却祇是物質的最高產物。這當然是純粹的唯物論。但費爾巴哈祇學習到這地步就停住了。他不能克服通俗的哲學偏見，這種偏見便是不反對物，但反對唯物論這名字。他說：「我認爲唯物論是人生本質及知識的大廈之基礎，但是它對於我與它的對於生理學家，對於狹義的自然科學家，例如摩雷斯科特，不是一樣的，由於他們的立場與專業，必然以唯物論爲建築物自身的。向後，我充份贊成唯物論者們；但是向前却不然了。」

所以，費爾巴哈把一般的世界觀安放在物質與心兩者間關係之一定概念上的唯物論，與把這世界觀在歷史發展的一定階段，即在十八世紀裏發表出的特別形式，打成爲一塊。不但如此，他還把淺薄而且庸俗的形式，——十八世紀的唯物論就是這種形式，到了今日還繼續存在自然學家們及醫生們的心裏，在五十年代，畢希納，福克特，及摩雷斯科特，週游說教的也就是這種形式，——混了進去。

但是正如唯心論在發展上要遇到各級改變那樣，唯物論也是要經過的。每逢創造時代的發見，便是在自然科學的範圍裏，它就改變它的形式，後來歷史也受唯物論的處理，於是又開了發展的新道路。

前世紀的唯物論，主要是機械的，因爲在那時候，一切自然科學裏面，祇有力學，而且的確祇有固體力學——天體的與地球的力學——簡單的說，即重力學，已經發達到有一定的成就。化學那時候還祇在幼稚的，主張燃素說的形式裏。生物學還在褥包頭裏；植物及動物的機構還祇是很粗的檢驗過，而用純粹機械的原因來解釋。像迪卡兒的看動物一樣，十八世紀的唯物論者們把人也看做機器。這種對於化學的及生物的諸過程，一概都用機械學的標準去解釋——在這等過程裏，這是眞的，也確實有着機械學的諸定律存在，不過被別種更高級的諸定律推在後面去了——成功了特別的但在那時候是不可避免的古典法蘭西唯物論的限制。

這種唯物論的第二種特別限制是由於不能够把宇宙理解爲一種過程，——如物質的在一個歷史過程裏發展。這種情形與那時候的自然科學水準，及與講哲理時的形上學的即反辯證法的態度，是相連系的。自然在不停的運動是知道的。不過照那時候的諸觀念說，這種運動永久是在打圈子，所以從來不會離開那地點；它一次一次的產生出相同的結果。這種概念在那時候也是必然的。康德的太陽系起源的學說推行開去卻在近代，且曾被看作祇是一種奇說。地球的發展史，即地質學，還完全不知道，生活的自然物，是從簡單到複雜那種長期繼續發展的結果，這種概念在那時候還全然不能科學地推行。所以對於自然的作無歷史的看法是不可避免的。我們如以這一點來批評十八世紀的哲學家們，理由不够，因爲在黑智爾裏也看到同樣的情形。照他說來，自然祇是觀念的「客觀化」，是不能在時間裏發展祇能在空間裏多方擴張開去，所以包含在自然裏的一切發展階段是同時而且彼此並排演出的。並且判定同樣的過程會永久反復發生。黑智爾把這種在時間（一切發展的基本條件）以外的，空間的發展之妄談加之於自然之上的時候，恰恰正是地質學，胚胎學，植物的及動物的生理學，及有機化學在建設起來的時期，並且這時候，在各地方，於這等新科學的基地上，正已現出後期進化學說的燦爛之先見（例如哥德及賴馬克）。祇是統系上必須這樣做；因此爲了統系的緣故，方法也變爲不對了。

這種同樣的無歷史的概念又流行於歷史的領域上，這裏因反對中世紀殘餘的鬥爭遂把情形弄胡塗了。把中世紀看作祇是千數年普遍的未開化性質將歷史中斷。中世紀所發生的大進步，——即歐洲文化面積的推廣，諸大民族的興起，成立，並且最後有第十四，第十五世紀的大量技術之進步——這些一點也沒有看見。結果，要理性地看透偉大的歷史的內部連系就成爲不可能，並且把歷史最好也祇當作供哲學家們之用的例子及例證的收集了。

五十年代裏，德意志的爲了唯物論忙碌的庸俗小販們沒法克服他們的教師們之諸限制。這時候自然科學的一切進步，祇能够給他們做反對世界創造主存在的新證據；並且眞實的說，把學說發展得更進步，全然是他們範圍以外的事。雖然唯心論已經是智窮力竭，且被一八四八年的革命受到致命的打擊，但是看到這時候的唯物論的更其低落而得到滿足。費爾巴哈拒絕對於這種唯物論負責任，無疑義地是對的；祇是他不應當把這等巡迴說敎者們的主張與唯物論一般去混同起來……

辯證唯物論

斯特勞斯，鮑厄，斯提納，費爾巴哈，至遠在他們不放棄哲學的範圍內，都是黑智爾哲學的枝派。斯特勞斯作耶穌的生活及教條論以後，所生產的祇是累南*式樣的哲學方面文字的研究教會的歷史。鮑厄祇在基督教起源的歷史範圍裏略有成就，雖然他所做的事情在這裏是重要的。斯提納，即使在巴苦寧把他與普魯東混合起來，標明為混合的「無政府主義」以後，依然還是一種妙人。單單費爾巴哈是一個哲學家，是重要的。不但是哲學——曾要求為遨游於一切科學之上，並且豐藏諸科學之科學的——對於他依然是一個走不過的障礙，一個不可侵犯的聖物，他就算一個哲學家罷，也是在半路上便停止了的；他的下半身是唯物論者，上半身却是唯心論者。他不能夠用批評態度來處理黑智爾，却簡單地當他無用，把他拋棄在一邊。至於他自己，與黑智爾的百科全書般豐富的統系相比較，除掉，些浮誇的愛情之宗教，及道德的貧乏無能的統系外，實在沒有積極的成就。

然而從黑智爾派的分裂裏，還生出別一種傾向，祇有這一枝是結真正的果實的。並且這一種傾向與馬克思的名字本質地相聯**系。

這裏從黑智爾派分出來的一派，也是一個轉向到唯物論的立場去之結果。意義是要正照這實在世

*Renan，(Joseph) Ernest (1823—1892)，法蘭西東方學者，著作兼批評家，曾發表耶穌傳（一八六三年）。——中譯者註。

界——自然及歷史——呈現在人們面前那樣的去理解它，而理解它的人們也一點不存唯心論的空想的。必須決定無慈悲地犧牲各種唯心論的空想，這宗空想是不會與照它們自身去設想並不與妄想聯系的諸事實相一致的。唯物論的意義實在不過如是。不過這裏第一次把唯物論的世界觀眞實嚴格地來理會，並且在有關的一切知識部門裏——至少在它的基本要點上徹底地來推行罷了。

我們並不把黑智爾簡單地放棄在一邊。適恰相反，還要把上面說過的他的革命的一方面，即從辯證法出發。但是這種方法在黑智爾的形式裏是不能使用的。照黑智爾說，辯證法是意像的自己發展。這種絕對的意像不單是從永久就存在的——在不知道的地方——而且又是整個存在世界的實際生活之靈魂。它通過一切先頭的階段發展爲它自身。這在論理學裏講得頗詳細，而且這些階段都包括在它裏面。然後它又自己「客觀化」出去，變爲自然，在那裏沒有它自身的意識，祇扮作自然的必然。它經過一種新的發展，最後，復歸於人裏的自我意識。這種自己意識又在歷史裏從粗糙的形式經營精細

** 這裏許我作一個私人的說明。近來屢次有人提及，說這學說是我分担的，所以關於這一點，我似乎不能不說幾句話，加以說明了。我並不否認：在以前及與馬克思的早年合作，在作成定式的時候，我是曾經獨立分担的，特別在苦心推敲這學說的時候。但是主要的基本原理之大部份，特別在經濟學及歷史部門裏，並且最後，定局的淸楚的定式，是屬於馬克思的，我所担任的那些，無論如何，祇是少些特別研究，就是沒有我，馬克思也能做得好好的。馬克思所担任的，我却做不成功。馬克思見解較高，看得更遠，見解比我們其餘的人廣而且快。馬克思是天才；我們別人至多是能才。如沒有他，這學說不能成爲今日的樣子的。所以應當用他的名字。——恩格爾斯註。

化，直到最後，這絕對意像在黑智爾的哲學裏完全復歸於它自身。所以照黑智爾說，在自然及歷史裏顯而易見的辯證的發展，便是從低級到高級的進步運動之有因果的內部連系，這種運動是經過一切曲折運動及暫時退步而展開的，這祇是從永久（來處雖沒有人知道）進行着的意像之自己運動的不幸之拓本，總而言之，一切事件都無關於作任何思惟的人之頭腦。這種觀念統系的顚倒是應該除去的。我們把頭裏的諸意像從新加以物質地來理解——把它們認爲實在的諸東西的像，不把實在東西認爲絕對意像發展中這一個或那一個階段的像。這樣一來，辯證法便自回到運動的一般的諸定律之科學——包括外界及人的思想二者在內——這二項諸定律，本質是相同的，祇是在人類心裏能意識地應用它們的範圍內，它們表現出來却各異，至於在自然裏，及到現在爲止的人類歷史的大部份裏，這等定律在似爲偶然的無窮連續裏，以外部爲必然性的形式，無意識地發展出來。所以，這意像本身的辯證法，僅僅是實在世界的辯證的運動之有意識的反映。黑智爾的辯證法是被他倒豎着的；必須把它掉過來，從前是頭朝下豎着的，現在仍然把它脚朝下立住。並且，這種我們已當了許多年的最好之工具與最銳利之武器的唯物辯證法，應當說明，不祇是我們發見的，還有於我們無關，甚至連與黑智爾也不相干的一位德意志工人，即約瑟狄慈根也已發見了。

照這樣子，於是黑智爾的革命的一方面也取了來，同是把繫在黑智爾兩手上的妨害徹底履行的唯心論之束縛解放了。這種偉大的基本思想，在於不把世界理解作已成的諸東西之複合體，却是諸過程的複合體。過程中的東西表面上雖然像穩定的，其實不比在我們頭裏的它們的心像，即諸意像，少變化，這些心像是無間斷的，有着既成立而又消滅的改變，其間雖然有一切表面上的諸偶然，及一切暫時的退後，然結果還是向着進步發展的——這種偉大的基本思想，特別在黑智爾的時代以後，普通的意識裏已滲透得如此透徹，知道在這種一般性裏，差不多一點沒有矛盾。但是要用言語來傳播這種基本思想，及在各個研究部門裏詳細作實際的應用，却是二件不同的事情。如果研究一逕從這一立場進行，最後的諸解決與永久的諸眞理的要求便斷然停止；人是經常知道的：一切研求所得的知識必有限制，事實上是受所處的環境之限制。在他方面，人不復容受還普通的舊形上學不能超脫的，眞與假，好與壞，同與異，必然與偶然之間的諸反題之束縛。人已知道這種反題祇是比較上的有效；如那些現在被認爲眞的，其實有假的一面潛伏着，後來會表現出來的；正如現在認爲假的，亦有它的眞的一方面，正因了這種緣故，所以從前被認爲眞。人已知道那種被認爲必然，是由純粹的諸偶然構成的，並且所謂偶然，是後面隱藏着必然的形式——餘可類推。

黑智爾稱爲「形上的」那種研究與思想的老法子是指研究的諸東西當作旣定的，固定與安定的，這種法子的殘餘物至今還固執地出沒於人民的心裏，在它流行的時候，是佔有很多的歷史之名份。這方法是說必須先檢討諸東西，隨後才可以檢討諸過程。即人必須先知道那種特別的東西，隨後方能觀察與它連系的變化。自然科學裏的情形就是如此。把諸東西看作已成的諸實物之形上學便是從把被研究的死物或生物當作已成的東西之自然科學發生出來的。但是一旦這種研究進步了，到了能够把握住決定的向前進步，改變爲對於這等在自然中進行變化的各種東西，作各種變化的統系研究時，那麼，在哲學的領域裏，舊形上學也就完結了。並且在事實上，到前世紀末的自然科學，主要是搜集的科學，即旣成東西的科學，在我們的世紀裏，本質上已成爲分類的科學了，即各種過程，這等東西的起源與發展，及連系一切這等自然過程爲一個偉大的整個體之內部連系的科學了。生理學是研究關於植物及動物體的過程的；胚胎學是講個體從胚胎到成長之發展的；地質學是研究地球表面逐步構造成爲岩系的——一切這些都是我們的世紀產生的子息。

但是，別的不說，有三個大發見，使我們對於自然過程的內部連系之知識躍進：第一個，是細胞單位的發見，因了細胞的繁生與分化，整個植物體及動物體就發育起來，——因此不單是一切高等生物的發育與生長認爲依照這簡單的普通定律，而且還有，因了細胞有變化的容量，因此由這種作用，生物能變更其種，且其進行更甚於個體的發育。第二個，是能的變化，已經確實證明：最先在無機界裏這一切所謂力及作用——重力及其補足物，所謂位能，熱，放射能（光或放射熱），電，磁，及化學能——都是宇宙運動的各樣表現。它以一定的比例由此變爲別的，所以一種一定的量消滅了，就又有一定之量發現出來，因此自然的整個運動，還原於這種由一種形式轉變爲別種形式的不停歇之過程。最後，達爾文首先發表證明生物的連系，即是說今日圍繞我們四週的自然裏的生物，包括人類在裏面的統系，是從少數原始的單細胞微生物經過長期的進化過程之結果，並且這等微生物是從原形質即蛋白質進化起來的，這種物質又由於化學作用而發生。

由於這等三大發見，及別種自然科學裏的大進步，我們現在已到能夠確定：不祇是在特殊的諸範圍裏，並且在自然裏的這等諸過程的全部之內在連系，所以用了從經驗的自然科學本身所供給我們的諸事實，現在已經能够以一種接近於有統系的形式來了解自然的內部連系了。構成這種內容豐富之見解的，早先是屬於所謂自然哲學的任務的。但它如要這樣做時，祇能够在實在的但尚未知道的諸內部連系的處所把理想及想像放進去，缺落的諸事實用心裏虛構的東西塡進去，實際的諸空隙用想像作橋梁來渡過。這種行程進行之際，也曾得到了許多光輝燦爛的觀念，及許多後來發見的預示，但亦產生了許多胡說，這也是不得不然的。今日，我們如要了解自然科學研究之諸結果，祇有辯證地，即從它們自己的內部連系的意義裏，依次達到滿足我們時代之「自然的統系」；如果這種內部連系的證辯性質有力的反抗他們的意志，甚至於走進自然科學家的有過形上學訓練之心裏，在今日之下，這種自然哲學終究是要被放棄的。要把它保存下來的各種企圖，不僅是多餘的，而且簡直是倒退……

馬克思

費爾巴哈論綱

一八四五年寫的。初次發表於恩格爾斯寫的費爾巴哈一八八八年的版本裏，作爲一個附錄。

〔恩格爾斯在一八八八年出版的魯德維息・費爾巴哈之序言上說，他從一本馬克思的舊筆記簿上看到論費爾巴哈的論綱十一條。「這些是匆匆忙忙寫下的短文，以待將來的加工修改，不是用以發表的。但它們含有無限價值的最初次說明，其中決定了新世界觀的燦爛的萌芽。」〕（這論綱實際上已經過恩格爾斯稍加修改與潤飾的。原稿見一九三二年出版的德意志觀念系統的附錄——中譯者註。）

（一八四五年春季，寫於布魯塞爾。）

一

從來一切存在的唯物論——費爾巴哈的唯物論也包括在裏面——的主要缺點是在於把客體，現實，知覺，祇用客觀或靜看的形式來設想，却不當作人類的具體的活動實踐來設想，即不是主觀地設想的。因此遂有這種情形發生：主動的一面，由唯心論與唯物論相對立地，把它發展起來——不過祇是抽象地的，那當然，唯心論是不能照原樣的懂得實在的具體的活動的。費爾巴哈要這實實在在與思想的諸客觀物不同的知覺的諸客觀物，但他沒有設想到人類活動本身是通過諸物而活動的。結果他遂在基督教的本質裏，把認為理論的態度是唯一純正的人類態度，至於實踐，卻祇被想作且固定在汙穢的猶太式的表現裏了，所以他沒有把握住「革命的」，「實踐批評的」活動之意義。

二

能不能把客觀眞理歸之於人類思惟的問題不是一個理論的問題，乃是實踐的問題。在實踐裏面，人必定能够證明眞理，便是他的思惟的現實性與力量，即「此地性」。把思惟從實踐裏分離出來，討論思想的眞理或非眞理，是純粹經院哲學的問題。

三

唯物論主張人們是諸環境及教養的產物，所以，改變過的人是別種環境及改變過的教養之產物，卻忘記了諸環境確實須由人們來改革的，並且教育者自己也必須受教育。所以這種主張必然弄到把社會分作二部份，把一部份屹然高出在別部份之上（例如，洛伯特阿恩便是這樣）。

諸環境的改革與人類活動的一致性，祇能够當作革命的實踐來設想及合理地的了解的。

四

費爾巴哈是從宗教的自己客觀化，即世界的二重化，分為宗教的想像世界及現實世界這事實出發的。他的工作就在於把宗教世界溶化在凡俗世界的基地裏。他卻把這種工作完成之後的事實忽略了，主要的事件依舊留下來待做。因為事實是：這凡俗世界的基礎自己會昇上去的，會在雲端上自成一個獨立的領域，祇有從這凡俗世界基地上自生的分裂與自生的矛盾可以來解釋。所以，這凡俗世界的基地必須首先從它的矛盾裏來了解，隨後，要除掉它的矛盾，須從實踐裏來革命。所以比方一經發見凡俗家族是神聖家族的秘密窟時，必須把凡俗家族本身加以理論的批判與實踐上來根本改革的。

五

費爾巴哈不滿意於抽象的思惟，要求知覺的靜觀之幫助，但他沒有想到知覺就是實踐的，人類具體的活動。

六

費爾巴哈把宗教的本質溶化在人的本質裏，但是人的本質不是抽象化地附屬在各個個人裏面的。實在它是社會的諸關係之綜合體。

費爾巴哈不去企圖作這種現實的本質之批評，他遂不得已：

一、把宗教的情操從歷史的過程裏抽象出來，把它當作自身的東西固定起來，並且預先假定了一種抽象的——被孤立的——人類之個人。

二、所以，人的本質，他祇能理解爲「類」，祇是自然地把許多個人連繫起來的啞的內在的一般性。

七

結果　費爾巴哈沒有看到宗教的情操本身是社會的產物，並且他分析的抽象的個人，實在是屬於特殊的社會形式的。

八

社會生活本質上是實踐的。把理論領導到神秘主義裏去的一切神秘東西，在人的實踐裏及在這種實踐的了解裏就得到它們合理的解決。

九

靜觀的唯物論，便是不懂知覺為實踐活動之唯物論，所得到的最高觀點便是「公民社會」裏單獨的個人觀。

十

舊唯物論的立場是「公民社會」；新唯物論的立場是人類社會或社會化的人類。

十一

哲學家們祇是各種各樣的解釋世界；然而重要的卻在於要改變它。

恩格爾斯

杜林君在科學中的革命

（反杜林）

最初發表於一八七七年，爲連續的論文，登在來比錫的"Vorwärts"（前進）裏。

〔一八七四年，一位德意志的教授，友琴杜林，出版全部的哲學，名「世界的圖式」裏面包括一種「社會主義」國家的學說。這一種被稱爲唯物論的與社會主義的著作，開始在德意志的工人們裏邊播散一種混亂。德意志社會民主黨遂請恩格爾斯對杜林的意見寫批評的檢討的文字，杜林的意見，事實上既不是唯物論的，也不是社會主義的。在做這種檢討工作的時候，恩格爾斯並不單以批評杜林的學說爲限，乘這機會，就把諸題目的廣大範圍上的馬克思的見解以積極的形式傳播出去——恩格爾斯在第一次德文版的序言上曾這樣說：「祇得跟了杜林君走進他在太陽下面講談一切事情的廣大地域，隨後又加添了一些。」這結果，反杜林遂成爲馬克思主義作物裏最豐富的作品了。恩格爾斯曾說明書沒有印之前，他把全稿讀給馬克思聽過的，馬克思還担任了一章。現在把關於哲學，德性，宗教，平等，自由，辯證法，暴力，及社會主義的馬克思學說之正面的說明，選出來印在下面。〕

第一卷 哲學

分類 先驗論

論理學的推論格式祇能够與思想的諸形式有關係；但是我們在這裏所討論的祇是存在的諸形式，是屬於外部世界的，這等形式從不能够從思想本身創造出來或轉變出來，它們祇有從外部世界能够產生。但是關於這一點，全部的關係被倒反轉了：諸原理並不是研究的起點，却是研究的最後結果；不是把諸原理應用於自然及人類歷史上的，却是從它們那裏抽象出來的；並不是自然及人類的領域與這等原理相合，却是諸原理祇有與自然及歷史相合才算眞實。這才是物質的唯物論的概念，杜林君的相反的概念是唯心論的，把諸事物完全倒反轉了，從世界以前已存在的從永久裏來的諸觀念，諸推論格式，圖式或範疇，來鑄成實在的世界——恰恰像了黑智爾。

這樣的結果，是由於很自然地相信「意識」，「理智」是既定的東西，開始就與存在，與自然對立的東西。如果眞會這樣，那麽意識與自然，思惟與存在，思想的諸定律與自然的諸定律會如此密切一致，的確極端可怪了。但是還有疑問要起來：那麽思想與意識究竟是甚麽，它們是從那裏來的，明明白白的，它們是人的腦子之產物，人本身是自然的產物，他在環境裏面跟着環境發展起來的；所以這是自明的，人的腦子的產物，分析到最後，也還是自然的產物，並不與自然的其餘部份相對立，却是與它一致的……

如果我們推論世界的概要，不從我們的心裏，却祇從實在的世界，經過我們的心而推論出來的，從實在的情形推論存在的基本諸原理，我們便不需要供這樣用處的哲學，祇要關於世界的，及世界裏所發生的事情的正面知識就好了；並且從這樣得來的就不是哲學，祇是正面的科學。

還有：如果像這樣子的哲學已不再需要，那麽任何統系也不再需要，甚至於哲學學的任何自然統系亦不要了。一切自然現象統系地內部聯系着這種認知，會推動科學，無論在一般的或詳細的部門裏去證明這種內部的聯系的。但是要把這種內部的聯系作一個圓滿的，盡其所有的科學說明，思想上成功一個我們住在裏面的世界統系的實際圖畫之營式，我們是不可能的，也許一逕留下去還是不可能。如果在人類進化中的任何時期，能够把世界裏的——實質的，心理的，及歷史的——內部聯系之這樣一種最後的，結論的統系構造成功，這意思就是說人的知識已經到了極限，從這時候起，社會已祇要照這統系來照行，更進步的歷史進化也要被切斷，——這是一種妄誕的觀念，純粹的胡說。所以人類自己就遇着一種矛盾：一方面，他要得到在全個內部聯系裏的世界統系盡其所有的知識，在別一方面，因爲人及世界統系的性質關係，這種功課是永久不能完全做成的。但是這種矛盾並不是祇存在於世界與人這二種要素之性質，它還是知慧進步的主要槓杆，跟着人類無窮的前進，進化，天天不斷地在得到解决，例如，正像數學問題，在運分數的無限級數裏得到解决一樣。每個世界統系的心裏之像，客觀地通過歷史階段，與主觀地通過它的創造者身體的及心理性質，實際上是有限制的，而且一逕被限制着……

像對於存在的基本諸形式一樣，照杜林君想來，純粹數字也是可以先天的，即用不着外部世界供給我們諸經驗，整個產生下來的。據他的意見：在純粹數字裏，心「用它自己的自由之諸創造作用及諸想像作用」來經營；數與形的意像便是「心的充份的對象，能够把它創造出來的。」它們甚至於有「不依賴於特殊的經驗，並且不依賴於世界的眞實內容之正確性。」

說純粹數學有不依賴於各個人的特殊經驗的正確性，就這事情說，是正確的，並且在各門科學裏的一切既成事實裏也是眞的，又一切事實上的事情也是這樣。磁鐵的南北極，水是氫與氧合成的事實，黑智爾已經死了，及杜林君還活着，這等事實，不依賴我的經驗，也不依靠杜林君的經驗，就是他高臥方酣，也仍然是對的。但說在純粹數學裏，心祇拿自己的創造作用及想像作用來經營，却全然不對。數與形的諸意象，決不能够從實在世界以外的任何源流得來。人們用以學習計算的十個指頭實行了最初的算術的計算，也許還有別的，但它們的確不是心的自由創造作用。計算不單是需要可以算的諸對象，而且還要有排除對象的可從數目以外來考案的一切性質的能力，——這一種能力是以經驗爲基礎的長久歷史進化的產物。形的觀念，與數的觀念相像，也全然從外部世界得來的，並不是發生於心的純粹思想之產物。在任何人能够得到形的觀念之前，必須有有形的諸東西存在，並且它們的形曾經比較過。純粹數學所講解的實在世界之空間形狀及量的關係，——這些是有眞是極其實在的物質的。事實上，這種物質以極抽象的形式表現出來，祇在表面上掩蔽了它的外部世界裏的起源。不過，如要純粹地研究這等諸形式及諸關係，却必須完全把它們從內容物裏抽象出來，並且把內容物像無關係地棄置在一邊；因此我們遂有所謂沒有長闊厚的點，沒有闊與厚的線，A與B與X與Y爲恒數與變數。但有在一切這等數量的末了，我們方才能第一次達到心的自由創造與想像，這便是說才有想像的量；並且祇是即使分明從數學的量互相引伸出來的，也不能够證明它有先天的起源，亦祇是合理的內部的連系。在能够得到推論把一個四方形朝着一邊旋轉，就成爲圓柱形的形式這種觀念以前，必定會經把許多實在的方形及柱形，縱使形式或是不完全的，檢察過。數學像一切其他的科學一樣，也是因了人們的需要產生出來的；從測量土地，及量容器的容積，從計算時間及機械力而來的。但是它像思想的各部門一樣，從實在世界抽出來的諸定律，發展到某一個階段上，便與實在世界分離開，好像成爲一種獨立的東西，而與實在世界相對立，而且好像這些定律是從外面得來的，世界則與它們成爲一致。在社會裏及在國家裏就有這種情形，純粹數學的後來應用於世界，就因這種道理，不是別的道理，它雖然是從同是這一個世界採取出來，而且祇是表現了內部連系的諸形式之一部份，——正因爲它的確是這樣的緣故，所以大可以應用……

自然哲學；宇宙論，物理學，化學

杜林君以前的唯物論者們曾經談論物質與運動。他則把運動還原於機械力這種假定的基本形式，因了這緣故，他自己就不能了解物質與運動之間的實在聯系了。這種聯系，事實上，一切以前的唯物論者們也不會弄清楚。然而這是簡單之至的道理。運動是物質存在的形式。從來沒有任何地方曾經有不運動的物質，將來也不會有的。宇宙的空間有運動，各天體上較小的質量之機械運動，分子運動如熱或如電流或磁流，化學的化合與分解，生物的生活——每一刻鐘，世界上物質的各個分子都在作這種或別種形式的運動，或者同時作數種形式的運動。一切靜止，一切平衡，祇是相對上，祇是與別種一定形式的運動關連起來才有意義。一個物體，例如固可以在地上作機械的平衡，可以機械地靜止着；但是並沒有妨礙它參加地球的運動，及地球在全個星系的運動，正像它一點也不妨礙它的最微細的物質部份因了溫度而起變動，或者妨礙原子因化學過程而起運動。物質沒有運動正如運動沒有物質一樣的不可思議。所以運動如物質本身一樣是不生不滅的；正如舊哲學上（迪卡爾）說明過的：存在這世界裏的運動之量是經常一樣的。所以，運動是不能創造的；它祇能够轉移。如果運動從一個物體到別一個物體，在它自己轉移的範圍內，是主動的，可以認爲運動的原因，在運動被轉移的範圍內，是被動的。我們叫這種主動的運動爲力，叫被動的爲力的表現。這種情形，與太陽光同樣的明白清楚，力就等於它的表現，因爲在事實上，它是發生於兩方面的同樣的運動。

所以，不動狀態的物質是觀念裏面最空虛最無意義的觀念之一種——最純淨的「昏話」。如果要得到這樣狀態的觀念，必須把相對的機械平衡，這種狀態在地球上是事實上所可能有的，看作絕對的靜止，然後把它推廣到全宇宙才可以。如果把宇宙運動簡約爲純粹的機械力，的確就比較容易這樣做。並且把運動限制在純粹的機械力裏還有一種便利，可以把力來看作靜止的，當作縛住的，有一時間不活動的了。事實上，常常就是這樣，運動的轉移是頗複雜的過程，它含有許多中間點，把一連串的鏈條裏最後的鏈環脫去，實際上這轉移是可能延遲一個時候的。例如，人向槍裏裝彈子，便有這種情形，如果扳動槍機，彈子便放出去，火藥爆發，運動就發生轉移，但扳槍機的時間可以延遲的。所以可能作這樣想像：物質在不運動，均等的狀態的時候，它是充滿着力的，這種情形（如果全部如此的話），似乎就是杜林君所了解爲物質與機械力合一的理由了。但是這種意像是沒有意義的，因爲它轉移到宇宙間，且看作絕對了，這種狀況，在它的性質上祇是相對的，所以，在一個時候祇能够應用於物質的一部份。即使如果我們不顧這一點，因難依然存在着．第一點，世界怎樣能够裝彈子呢？便是在今日之下，槍自己也是不會裝彈子的；第二點，誰的手指來扳槍機呢？我們可以隨我們的高興，隨便顛倒與歪曲，但是在杜林君的領導之下，我們還得再退回去——退到上帝的指頭去……

在尋常的機械學裏，是拿外部的刺激來做從靜渡過到動的橋梁的。如果把百磅重的石頭從地面舉起到十碼高，懸空挂着，這時候它就以同等狀況及靜止關係裏挂在那裏了，但祇有對吃奶的小孩面前才可以這樣說：這物體在現狀裏沒有發生一點機械學的工作，或者說它離開先前的地位不能用機械學的工作來測量。每個路人都會輕易地對杜林君解釋說：那石頭不是自己舉到繩子上去的，並且任何機械學教科書都會告訴他說，如果他要使那石頭再落下來，在落下時，它能發出正如舉它上去到十碼高時所需要的機械學工作。便在這樣簡單的事實裏，那石頭挂在那裏也發生機械學的工作，因爲，它如挂得長久了，繩子一經發生化學的分解作用，担擔不起石頭的重量時，它就斷掉了。用杜林君的言語來說，一切機械學過程都可以還原於這樣簡單的基本諸形式，並且在能够隨意使用充份的外部衝動的時候，仍不能找到從靜態到動態的橋梁之工程師至今還待產生。

的確的，運動，能够從它的反面，即從靜止裏，去找見它的度量，對於我們的形上學者却是艱難困苦的事情。這的確是一個彰明較著的矛盾，但照杜林君說，各種矛盾都是無意義的。懸挂的石頭，正像裝彈的槍一樣，並不是稍差的事實，也在表示有一定量的機械學運動的，這一定的量，可拿它的重量，及離地面的距離來確實測量，並且這種機械學運動可以隨意作各項用度，例如，使直接墜下，從斜面上滾下，或轉動一個輪軸。從辯證法的立場看來，從它的反對方面，從靜止裏，表現運動這可能性，絕對沒有困難。這全部矛盾，在辯證哲學上，照我們看起來，祗是相對的；並沒有絕對靜止，無條件的平衡這樣的事情存在。各種分開的運動趨向於平衡，而運動全體又阻止了這平衡。所以，如果有靜止與平衡的話，它們都是被中止的運動之結果。並且這是自明的道理，這種運動可以在它的結果來測量，能在結果裏表現出來，並能再度變爲一種或別種形式的運動。但是杜林君不滿足於物質的這樣簡單的說明。他像一個好形上學者，開手在運動與平衡之間裂出一條實際上並不存在的闊大之溝，並且隨後還要因爲找不到渡過這種自己造成的鴻溝之橋梁而覺得驚異。他眞像騎在形上學的洛希南提*上追逐康德的「物自身」；這不是別的，分析到最後，就是隱藏在這種找不到的橋梁後面的東西……

道德與法律；永久的諸眞理

人類的思想是至上的嗎？我們回答是或否之前必須先問個明白：甚麼是人類的思想？它是個人的

*Ros nante，西班牙薩凡提所著小說裏主人翁吉呵德所騎之馬名——中譯者註。

思想嗎？不是的。它祇是作爲許多萬萬過去，現在，及未來的人們之個人思想而存在着。如果我說一切這等人類們，包括未來的人類也在內的全部思想，那麽我的觀念裏的意思是至上的，祇要人類綿延到充份的長久，並且在知識方面，充份不受諸知覺器官，或要知道的諸對象之限制，是能够照世界的存在狀態而知道世界的。不過我所說的是極平凡，而且，還要加上一句，極空虛的話。因爲從這話得來的最有價值的結果，大抵祇是使我們極端不信任現在的知識，因爲我們有着極大的蓋然性，我們離開人類歷史的初期還不遠，將來糾正我們的後代，比他們的知識要我們——常常帶幾分輕蔑——來糾正的人們還要多得遠遠。

杜林君自己說明：意識必然祇能够在個人們的聯系裏表現出來，所以，思想與知識也是如此。我們祇能够說每個這等個人之思想，至多在不覺得有任何權力，能够對他——在他精神健全，又十分清醒的時候——强迫加入任何觀念這範圍裏，是有至上性的。至於存在各個人心裏的知識之至上正確性，我們全都知道不能說有這麽一回事，較一切過去的經驗指示出來，毫無例外，這樣個人的知識含有可以改善之處比不能改善的即是正確的地方要多得多。

换一句話說，思想的至上性是實現在極端不至上地思惟的人們之系列裏面的；具無條件的眞理之知識是實現在相對的諸錯誤之系列裏面的；這一個或那一個人都不能充份實現，除却通過人類無窮永久的存在才可能。

這裏我們又看到人類思想的性質，既必須認爲絕對的，它的實在性却表現在思想極端有限制的個別的人們裏中間這種與上面所見相同之矛盾。這種矛盾祇能在無限的進步裏得到解決的，對於我們的意義，至少在實踐的立場說，是屬於人類世代的無窮繼續的。照這意思說，人類思想正像不至上一樣的極其至上，並且知識的容量正如有限一樣的極其無限。在它的性質裏，天職裏，諸可能性裏，歷史意義裏，它是至上而且無限的；在個人的表現裏，及各個特殊時間的實現裏，它是不至上的，有限的。

永久的諸眞理正與它相同。如果人能够達到一個時期，這時期祇能拿永久的諸眞理來工作，諸結論都含有至上的確實性及無條件的眞理，那麼，便已到了這一點，即智識界的無限性，在實際及能力兩方面已經都用盡，這種意思就是表示有了計算的無限級數已經算成功這種著名的奇蹟。

但是話雖如此，然而有基礎如此安穩的任何眞理，如果對它們有任何疑惑，似乎就可算作狂妄的嗎？如二倍二成四，如三角形的三隻角等於二個直角，如巴黎是在法蘭西，如人不吃東西要餓死，其餘類推，不是嗎？那麼不是有永久的諸眞理，最後的，終極的諸眞理的嗎？

的確是有的。我們可以照傳統方法把知識的全部區域分爲三大部門。第一部門包括一切關於無生界的諸科學，而且多少須應用數學的：如數學，天文學，機械學，物理學，化學。如果有任何人喜歡拿極簡單的事情來講大話，那麼可以說由這等科學得來的某些結果是永久的諸眞理，是最後的，終極的諸眞理。因了這緣故，所以這等科學又叫做精密科學的。但不是一切它們的結果都有這種正確性。數學裏一經開始計算可變量，並且把它們的變異性推廣到無限小及無限大，它在別的諸方面是如此嚴格地道德的，這裏却失了禮貌了；它吃了知識樹之果*給它開了最偉大的諸般成就之道，可是同時也開了錯誤之路。數學的各種情形之絕對正確性及無可辯駁的確實性之原始狀況已經永遠失掉了；它走進了爭論的境地，並且我們已到了這一點，大多數人民的求微分及求積分，不是因爲他們了解他們在做甚麼，却由於純粹的信念，因爲它直到現在，它的結果通常是對的。在天文學及機械學裏事情甚至更糟，在物理學及化學裏，我們被諸臆說如分封時的蜜蜂羣的環繞着。它必然這樣的。在物理學裏，研究的是分子運動，在化學裏，我們研究原子構成分子，如果光波的干涉不是一種神話，我們就絕對沒有希望用我們自已的眼睛能够看到這等有趣味的諸東西。跟着時間的過去，在這領域裏，最後的而且終極的諸眞理變爲很稀少了。

它們在地質學裏甚至於更壞，它的性質上，主要研究的諸事件不單是發生在我們還不存在，而且在任何人類都還沒有的時候。所以在這領域裏要贏得最後的與絕對的諸眞理是極煩難的事業，並且收穫也是極少的。

科學的第二部是包括研究生物的一門。在這領域裏有如此繁雜的內部關係及因果性，不單要解決一個問題就引起許許多別的問題，就是每個分離的問題也祇能一件件的解決，要經過一連串的研究，常常需要數世紀才能完成；並且甚至於要把一切它們的內部關係作一有統系的說明時，必然又有諸臆說的茂盛的產物圍繞在最後的，終極的諸眞理之週圍。爲了要確立像哺乳動物裏血液循環這樣一件簡

*典見聖經創世紀第三章，上帝曾禁止亞當及夏娃吃這種果子。——中譯者註。

的事情，也要從格林到馬爾丕甚經過何等長久的中間階段，便是到了今日，血球起源的知識還是何等缺少，而且，例如，我們要把病的徵候與它的原因找出合理的關係來的時候，未發見的連鎖事項是何等多！並且常常是這樣的，有發見成立時，像那發見細胞，我們被逼的把在生物學的區域內一切以前成立的最後的終極的諸眞理須全部加以校正，把它們全部積蓄一次而且永遠的放在紙片堆上了。如果有人要在這門科學裏設立實實在在純粹的並且不變的諸眞理，祇好拿這樣的平凡的話以爲滿足：即說所有的人們都是要死的；所有雌的哺乳動物都有乳腺，這樣的話了；他甚至於要確說高等哺乳動物都用它們的胃及腸行消化，不用它們的頭腦都不可能，因爲集中在頭裏的神經活動，實爲消化作用上所決不可缺少。

但是永久的諸眞理，在第三部門即歷史的科學羣裏，情形甚至於還要壞。這等在歷史的順序及現在的形式裏所研究的諸題目是人類生活的諸條件，社會的諸關係，法律及政治的諸形式，理想的上層建築，屬於哲學，宗敎，美術的，及其他。在生物界裏，我們至少要處理到連續出現的現象的，在我們能夠直接觀察的範圍內，這種現象是在極廣大的諸限制裏頗正規的反復着。如生物的種，就大體說起來，從亞理士多德時候以來，還是依然沒有變更過。然而在社會的歷史裏，諸條件的重複是例外，不是通例，我們從前是一度經過人的原始時期，即所謂石器時代來的；如果有這種重複發生時，他們是不從實在相像的諸條件下面起來的——例如，所有的文明人民裏都有過原始的土地公有權，及其終局的經過。在人類歷史的範圍裏，我們的知識甚至比在生物學的區域裏還要落後得多。又，如在例外的情形下面，一個時期的社會的與政治的諸形式中間之內部連系能被認出來，照通例，祇在這等形式已經陳舊及已將滅亡的時期才能夠遇到。所以，照此看來，知識本質上是相對的，充其量，祇能以懂得某些社會的及國家的諸形式之關係及其結果爲限度，這些形式則祇存在於特別的時代及特別的人民中間，且它的根本性質是暫時的。所以不論何人，如在這領域裏出發，要追求最後的而且終極的諸眞理，是純粹的而且絕對不會變更的諸眞理，除了最要懊悔的一類平凡的話與日常用語，——例如，一般說來，人不勞動不能生活；到現在爲止，人類之大部份是分爲統治者與被治者的；拿破崙死在一八二一年五月五日；及這類別的話——此外所得結果必定很少的。

現在有一件可注意的事情，我們常常遇到的，說是永久的，最後的，終極的，等等眞理，即把二倍二成四，鳥都有嘴，及相像的說明，稱爲永久眞理的，祇有那些有志於因一般有眞理存在而想推演出結論，說在人類的歷史範圍裏也有永久的諸眞理——永久的德性，永久的正義，等等，——且主張其確實與範圍等於數學上的諸眞理及諸推論的人說的。並且於是我們可確切信賴同是這位人類之友，一有機會就首先向我們保證：先前的那班永久諸眞理的製造者多少是蠢貨與騙子，他們都陷於謬妄，並且鑄成錯誤；但是他們的謬妄及他們的虛妄是依照於自然定律的，可以證明他的方面有眞理與確實性存在；這位現在新起來的預言者，在他的錢袋裏有着一切已經成就的，最後的，終極的眞理，永久的德性，及永久的正義，這種情形攏總已經遇到好幾百次而且千數次了，我們總是覺得奇怪，爲甚麼還有人民這樣容易受欺騙，會去相信這種不關於別人，而正是關於自己的事情……

我們在上面差不多已把研究人類思想定律的科學即論理學與辯證法指出了。然而在這些裏面，我們所遇到的，關於諸眞理的情形，並沒有甚麼好。杜林君說明辯證法眞正是純粹的胡說，並且在已經寫成及將來要寫許多論理書裏却不然，供給了豐富的證明：在這一種教科書裏散佈的最後與終極的諸眞理也比普通所相信的要稀少得多。

為了這緣故，我們現在所走到的知識階段遠沒有走到最後，正與一切以前的相像，這種事實是絕對用不着吃驚的。現在所得到的資料已經極多，無論甚麼人要在任何一個科學部門成為專家，他對於這一部門就非大加專門的研究不可。如果有人要把純粹的，不變的，最後與終極的眞理，這一度量應用於知識，而這知識的本質上是必定或者還要經過比較長久的世代才能一步步充實起來，或者像在宇宙論，地質學，及人的歷史裏那樣，因為歷史資料的缺乏，必定還要長久依然欠缺而不完全，即使他所要求的眞實背景並不如現在情形一樣要個人毫無錯誤，也祇是證明自己的無知與剛愎了。眞實與錯誤，表示兩極端的概念都是這樣，祇有在這有限的範圍裏面，有絕對正確性，我們剛才見到，便是杜林君祇要有一點辯證法的初步知識也能懂得，一切兩極的對立並不充分，一經把眞實與錯誤的對立應用於剛才所講的狹小範圍以外，就變為祇是相對的，就不適用於精密的科學說明了。如果要在那範圍以外把它作絕對意義來應用，我們當實實在在的遭受失敗，對立的兩極會變為相反，眞實變為錯誤，錯誤的眞實了。讓我們拿波以爾定律來做一個例子，照這定律講，如果溫度不變，氣體的容積與所受壓力成反比例。雷諾看出這種定律在某種情形之下不合。如果他是現實的哲學家，他就會這樣說：波以爾定律是可變的，所以不是純眞理，所以它完全不是眞理，所以它是一個錯誤。但是如果他這樣斷定，那麼他所犯的錯誤比波以爾定律裏所含的更大得多。他的一點眞理埋沒在錯誤的沙丘裏了。與波以爾定律相比，這定律雖然粘有錯誤的細粒，倒近於眞理的，他却把原來正確的結論歪曲爲錯誤。但是雷諾是一個科學家，不會作這樣的小孩子相，却繼續研究，發見波以爾定律祇是在一般裏近乎確實，在特殊裏，氣體因壓力而液化時，一到壓力接近液化點，便失去確實性。所以波以爾定律祇在一定限度之內才是正確的。但是在那些限度內它是絕對地終極地眞實的嗎？沒有物理學家這樣說。他祇說有些氣體在一定限度的壓力及溫度內是對的；便是在嚴格的限度內他也不能否認將來的研究有使限度更狹或修改公式的可能性。這是一個物理學裏最後的幷終極的眞理之情形。眞正科學的著作，所以照例避免拿錯誤及眞理作獨斷及道德的表示，這等表示在現實性的哲學裏却各處有的遇到，在這裏販賣空話當作至上思想的至上結果來哄騙我們。……

我們對於眞理與錯誤既得不到很大的進步，對於好與壞更得不到了。這一種對立完全屬於道德的領域，那是發生於人類歷史的領域，的確的，在這範圍裏，終極與最後的諸眞理散播得最少。好與壞的概念，國與國之間，或在不同時代之間，變化極大，常常甚至相反。但是有人會辯論說，好總不是壞，壞也不是好，大家意見亦復相同；如好壞混淆不分，一切道德便完結了，任何人都可照他所喜歡的做，或者丟開不做了。如果把含胡的言辭撕去，杜林君實在就是這樣意思。但事情不能够這樣簡單地解決。如果眞是這樣簡單的事情，對於好壞就完全不會有爭論了；各人都知道甚麼是好甚麼是壞了。但是今天實際情形怎麼呢？今日對我們傳播的是甚麼道德呢？第一，有基督教封建道德，從過去信教時代留傳下來的；它又可以分爲二派，即天主教道德與耶穌教道德，每派又不免再分出支派，從耶穌天主教的及正統派耶穌教的道德以至放縱的「前進」道德。這等道德之外，還有近代資產階級道德及將來的無產階級道德，所以在最進步的歐洲國家裏就有過去，現在與未來三大類的道德說，同時都佔勢力而且並存着。然則哪一種是眞道德呢？如果用絕對正確性的意義來說，沒有一種是的；但是的確，含有最大的經久性的道德是這一種，即在現在是改革現在代表將來的一種，就是無產階級道德。

但是，我們如果看看近代社會裏的封建貴族，資產階級，及無產階級三個階級，各有特具的道德，祇能得到這樣一個結論，便是說人們是自覺地或不自覺地從安放他們的階級地位之實際關係——即從遂行生產與交易的經濟關係——之最後手段獲得自己的道德觀念的。

但是雖然所講的三種道德說裏共通點仍很多，不是至少有一部分道德外觀上是固定不變的嗎？這等道德說代表同一歷史發展上的三個不同的時期，有共通的歷史背景的，祇由於這種理由，它們必然會有很多共通點，甚至還有，在相像或近乎相像的經濟發展時期，道德說必然多少相一致。自從可動之物發展爲私有財產的時候起，在一切有這種私有財產存在的社會裏，必定都有「汝勿偷盜」這種道德律。然則這種定律將成爲永久的道德律嗎？那也不是。在一個偷盜的動機已經消滅的社會裏，至多祇有神經病者還會去偷盜時，如有道德的教導者還要莊嚴地宣揚「汝勿偷盜」爲永久的眞理，將受怎樣的嘲笑呵！

我們所以要拒絕把任何道德的獨斷，藉口於道德世界亦自有其超越歷史及民族差異的永久原則，叫我們當它作一種永久的，終極的，而且永久不變的道德律之各種企圖。我們相反，主張分析到最後，一切先前的道德說都是社會達到一定的時代的經濟階段的產物。因爲社會向來在階級對立中移行，所以道德總是階級的道德。它不是擁護統治階級的權力及其利益，便是一到被壓迫階級有相當力量時，它便代表革命反對統治權，維護被壓迫者的未來利益。在這種過程裏，一般說，在道德亦如知識的一切其他部門一樣，有着進步，無可懷疑。但是我們現在還沒有走出階級道德的範圍。超越階級對立，且思想中亦沒有這種遺物的眞正人類道德，祇有在不單克服階級矛盾而且實際生活中已忘記它們的社會時期才有可能………

道德與法律：平等

一切人，當作世人來說，有些共同，並且在這等共通性質達到的範圍內是平等的，這種觀念當然很原始。但是近代的平等要求與那種觀念差不多全然各異；一切人，或至少一個國家裏的所有公民，須得政治平等或社會平等的要求，多半是從人類的這等公共性質及人就是人的平等性推演出來的。在相對的平等之原始概念能引導到人們在國家及社會應有平等權利這結論之前，在這結論成爲好像自然的並且自明的以前，是需要經過數千年代，並且確實已經經過了。在最古的自然的社團裏，至多祇有社團分子有平等的權利；女人，奴隸，及外人，沒有這種平等權是當然的事情。在希臘人及羅馬人裏，人們間的不平等比任何不平等形式還要重要得多。由古人看來，如果希臘人及未開化人，自由人及奴隸，公民及侍從，羅馬公民及羅馬下屬（用作廣義），可以要求政治地位平等，簡捷像白痴。在羅馬帝國下面，除却自由人與奴隸之間外，一切這等差別逐漸消滅，並且產生了，至少在自由人裏，私人之間的平等，並在這基礎上面產生了羅馬法——爲我們所知道的基於私有財產的法律之最完備者。但是自由人與奴隸之間的差別如果存在，就不能說從作爲人們的一般平等這事實上得出法律的結論；在近代，我們又看到這種情形，——如在北美合衆國有奴隸制的國家裏。

基督教認一切人中間祇有一點是相等的：即一切人生來都帶有原罪*——這完全與奴隸及被壓迫者的宗教這種性質相適應。離開這點不講，它至多祇承認選民間的平等，然而這也祇在最早的初期被注重。又新教早期曾有共有權的痕迹，多半可以解釋爲被壓迫的教派有團結的必要，未必是由於眞正的平等觀念。在一個短時間內，教士與平常人之間的分別確立後，便是這種基督教的平等傾向也完結了。日耳曼人打進西歐，逐漸建設起以前從未有過的，如此複雜的、社會的及政治的階級組織，一切平等觀念被淹沒了有幾世紀之久。但同時因這種侵入，把西歐及中歐引入歷史發展的路上，第一次創造了緊密的文化地區，而且在這區域裏又產生互相影響，互相抑制的民族國家。因此準備下了一種基地，使人們地位平等，人權平等這問題後一些時期能够興起來。

在封建的中世紀，從中又孕育了一個階級，它是被命定爲進化的前途上爲近代平等要求的指導者

* 指聖經中因亞當之墮落（卽指與夏娃相愛）而來的罪孼。——譯者註。

的：這便是資產階級。在起源上，它是封建秩序裏「等級」之一；資產階級在封建社會裏把優勢的手工業及產物交換發達得比較高度，到了十五世紀末葉，各種偉大的海上發見，給它開了一個新的及遠大的前途。從前祗往來於意大利與地中海東海岸利凡得之間的商業，現在越出歐洲，擴張到美洲及印度，即刻超過了歐洲各國間的交易及各國國內商業兩方面的重要性。美國的金子與銀子，大量流入歐洲，而且侵入封建社會的每個裂縫與孔隙，成功一種破壞的力量。手工業不復能够滿足新與的要求了；在最進步的那些國家的主要工業被工廠工業所代替。

但是社會的經濟條件雖起了這種巨大的改革，可是政治機構却沒有即時起相應的改變。社會漸漸愈加變爲資產者的，國家的秩序還是封建的。大規模的商業，便是指國際間的，甚至世界的貿易，是須有自由的商品所有者的，在運動上既不受限制，在法律的基本上交換商品又有平等的權利，——這等法律，至少在分離的各地方，是平等的。從手工業轉變到工廠工業是預先已有若干自由工人存在——他們一方面已從同業工會的約束解放出來，一方面因此他們可以使用他們自己的勞動力：這班工人能與僱用者訂約，以出賣他們的勞動力，對契約像有同等權的對手。最後，一切人的勞動平等性及平等地位，因爲它在人的勞動範圍內，它無意的但是最清楚的表現於近代資產者經濟的價值定律之中，照這定律說，一種商品的價值是由它所含有的社會的必需勞動來測定的。但是經濟關係上需要自由與平等權利的地方，政治體系却拿了同業公會的限制及特殊的權利步步反對它們。地方特權，不同的關稅，商業中各類例外的法律，不但使住在殖民地的外國人或人民受影響，還常常足够影響到各國內國民的全部範疇。同業公會的諸種特權到處而且一遲成爲阻礙工廠工業發展路上的障礙物。沒有地方有開放的路子與各種機會對一切資產階級的競爭者是均等的，然而這却是首要而且迫切需要的。

要求從封建的鐐銬裏解放出來，及消滅封建的不平等以建立權利的平等，一旦社會經濟的進步開始提出於議事日程上時，必然顯得更加擴大。如果它是因工業及商業的利益而提起來的，必須要求大羣農民亦須有同樣平等權利，他們是從完全的奴隸的束縛起，受着各種程度不同的束縛的，他們被迫的須把大部分勞動時間供給他們的封建地主，沒有報酬的，並且對地主及國家還要再付出不可計數的他種應繳付的東西。在別一方面，又必須要求把封建特權廢除，給貴族的捐稅免除，及廢除各種封建階級的政治特權。並且人民已經不復生活在像羅馬帝國那樣的世界帝國裏面，却已生活在講彼此平等與差不多接近資產階級發展時期的諸獨立邦國之體系中，當然的，要求平等成爲超越個別邦國以外的一般性質，那麽自由與平等必然宣布爲人權了。並且這等人權裏特具的資產階級性質意味深長：即在美國憲法裏，首先承認了人權，但同時也確定了生存在美洲的有色種族的奴隸制；階級特權是法定了，種族特權也神聖化了。

然而這是熟知的事情，像蝴蝶從蛹變化出來似的，資產階級從封建時代的市民產生出來，這種中世紀的「等級」發展爲近代社會的階級的時候起，經常而且必然有它的影子，即無產階級，跟隨着的。與資產階級要求平等一樣，接着無產階級也要求平等。跟資產階級推進廢除階級特權的時候起，同時就出現了無產階級要求廢除階級本身了——開始時是作宗教形式出現的，以原始的基督教爲基礎，後來就從資產階級的平等學說裏得到支持。無產者拿住了資產階級的話，平等不要祇是表面的，不要祇應用於國家範圍，必須成爲實際的，推廣到社會及經濟的範圍。特別是法蘭西的無產階級，從大革命以後，把資產階級的平等帶到前線，法蘭西的無產階級報之以社會及經濟平等的要求，並且平等特別成爲法蘭西無產階級的戰鬥呼號。

無產階級口裏的平等要求所以有兩層意義。它或者——像在起初的時候，例如農民戰爭時候——爲自發的反對顯著的社會不平等，反對貧富的懸殊，封建地主與農奴，過食與飢餓間的不平；因此它祇是革命本能的簡單表示，並且在這裏，的確祇有在這裏能够見到它的理由。或者，在別一方面，無產階級的要求平等是爲了對抗資產階級要求平等而起來的，並從這種資產階級的要求裏獲得多少正確與更廣遠的要求，並且用作鼓動工人們從資本家自己的主張上去反對資本家的手段；照這一種情形，它的存亡與資產階級的平等本身相共。這二種情形，無產階級要求平等的眞實內容是要求廢除階級。任何超越這種以外的要求平等，必然要陷於荒謬……

所以平等的觀念，無論作資產階級的與無產階級的形式，本身總是歷史的產物，它的產生需要一定的歷史條件，而它們預先須有一個長期的歷史發展的。所以它無論甚麽都可以，祇不是一個永久眞理。並且，如果它今日已爲一般所公認，——在這一種或別種意義上，——如果，像馬克思所說，它「已有通俗偏見的固定性」的話，這不是因它的自明眞理的結果，祇因爲十八世紀觀念的普遍流傳及繼續應用的結果……

道德與法律：自由與必然

黑智爾是正確地說明自由與必然的關係之第一人。照他講，自由便是理解必然。「必然祇在沒有被理解的範圍內是盲目的」。自由不是包含在與自然定律相獨立的夢想裏，它却存在這等定律的知識中，並且含在統系地用它們來向着一定目的工作的可能性中的。這說明對於外界自然界的諸定律，及對於管理身體及精神生活的諸定律都是對的，——這二類定律，我們至多祇能在思想中把它們分開，在現實中並不分開的。所以意志自由無他，不過是根據一個題目的實在知識下決斷的能力。所以一個人對於一定問題的判斷愈自由，在決定這一判斷的內容裏必然性也愈大；由於無知，沒有把握，似乎可從許多不同的及矛盾的可能決斷中去任意選擇，表示這種情形並不是自由，正是受了支配物所支配。所以自由是包含在支配我們自己及支配外界的自然之中，就是以自然的必然性的知識爲基礎的，所以它必然是歷史發展的產物。最初從動物界分別出來的人們，一切本質上像動物一樣不自由的；但是走向文明一步就走向自由一步。人類歷史的開端就得到了機械運動能轉化爲熱的發見：即摩擦會生火；這一發展的末了，是發見熱能轉化爲機械運動，即蒸汽機。——雖然由於蒸汽機，把社會上起了巨大的解放革命（現在還沒有完成一半），却沒有疑問，在人類的解放上，效果還是發明摩擦能發火巨大。因爲摩擦能生火，使人類開始了控制自然界諸力中的一種，從此把人類永久從動物裏分出來了。蒸汽機並沒有使人類向前邁進了這麼巨大的一步，縱使照我們看起來，分明有一切巨大的生產力都靠它得來的重要性——祇有這等力才能造成一種不復有階級區別，或個人的生活資源無須憂慮，而且開始可以說眞正得了人的自由，與眞正能與旣定的自然界定律得到和諧地生活之社會狀況。但是整個人類歷史還是何等幼稚，企圖說我們現在的見解絕對正確是何等可笑，可從這種簡單的事實，即把一切過去的歷史指爲從發明機械運動能轉化爲熱到熱能轉化爲機械運動這一時代的歷史來證明的……

辯證法；量與質

我們如把各種東西看作靜止而且無生命的，獨立的，並排着及前後排列着的時候，的確，它們中間不會遇到任何矛盾的。我們看出某些性質部分地共通，部分地相異，而且甚至彼此抵觸的，但是在這種情形裏，它們分佈在不同的事物裏，所以也不含矛盾。在這樣一種思想範圍的限度內，我們便在照通常形而上學的思想方式的基礎上進行着。但是一旦我們從它們的運動裏，變化裏，生活裏，彼此的相互影響裏觀察事物，情形便十分各異。於是我們即刻見到矛盾。運動本身便是一種矛盾：便是簡單的機械地變更地方，必然須由於一個物體在同一刻時間內旣在一個地方又在別一個地方，在這一個地方而又不在這地方。這種矛盾續續不斷的確立與同時解決，運動的確就是那一種情形。……

簡單的機械地變更地位旣含有矛盾，較高等的物質運動形式，特別如生物及它的發展，自然更有矛盾了。我們在上面看出，生命確實就在於這樣——即一個生物每分時是自已然而又是別物。所以生命是一種矛盾，它存在於物及其過程中，並且它不斷的確立而又自已解決；一到矛盾停止，生命也到終點，就死亡了。我們又看到在思想領域裏也不能避免矛盾，例如，人生具有的無限知識能力，表現在受外界條件的限制並受智慧能力的限制的人們，其間的矛盾，至少在我們，並從實踐上，在世代的無限繼續，無限進步中尋求解決……

在資本論第三三六面上，*馬克思拿以前研究的不變資本，可變資本，及剩餘價值爲基礎，得出這樣的結論：「不是各種貨幣量或價值量可隨高興轉變爲資本的。事實上，有貨幣或商品的個人手中必須先有某種少量的貨幣或某種少量的交換價值才能成功這種轉變。」

馬克思隨後拿任何工業裏的勞動者的情形爲例，他在那裏每天給自己做工八小時——即是生產他的工資之價值，接下去再給資本家做四小時，即生產剩餘價值，這是直接跑到資本家的錢袋裏去的。在這種情形之下，資本家須有足够供給二個勞動者的原料，勞動工具，及工資的價值量，每天才有足够的剩餘價值，使他能够靠此爲生，與生活得如他的勞動者那樣。又因爲資本家的目的不單是維持生活，還要增加財富的，所以祇有二個勞動的個人還不能算是資本家。如他能生活得比普通的勞動者加倍好，還要把一半剩餘價值再變爲資本，那麽他須得僱用八個勞動者，因此他須得安排四倍於上說的價值量。並且祇有經過這種情形，並經過更詳細的解說，把事實說明並規定，即不是任何一點價值量便足够轉變爲資本的，但是最少量又跟各個不同的發展時代及各個工業部門而變化的，因此馬克思觀察到：「在這裏，像在自然科學裏一樣，證實了黑智爾（在他的邏輯裏）所發見的定律之正確性，即量的變化超過一定的點就變爲質的不同了。」……

*指資本論英譯本，開爾版，第一册頁碼。

辯證法；否定的否定

在馬克思的著作裏，否定的否定盡了甚麼任務呢？八三四面*及以下的幾面上，他從以前五十面講所謂資本的原始積蓄之經濟的及歷史的研究，得出了結論。在資本主義時期以前，至少在英格蘭，於勞動者以生產工具爲私有財產的基礎上存在着小工業。所謂資本的原始積蓄，在這種情形裏，就是奪取這等直接生產者，這便是把基於自己勞動的私有財產解體。這種可能是因爲上面所講的小工業是祇能適合於生產系統及社會在狹小的而且原始的範圍內運動的，發展到某一時期，便推進了自己破壞的物質力量。這一種破壞，即把個人的與分散的生產手段**轉變爲社會地集中的生產手段，遂形成了資本的史前期。一旦勞動者轉變爲無產者，他們的勞動手段轉變爲資本；一旦資本主義的生產方式成立，勞動更其社會化，土地及別種生產手段起更大的轉變，因此財產私有者也以更進步的剝削取了新的形式。

「現在被剝削的已不復是爲自己工作的勞動者，而是剝削許多勞動者的資本家了。這種剝削作用的造成，是由於資本主義生產，即由資本集中的內在諸定律的作用。一個資本家經常弄死許多資本。與集中作用，即少數資本家剝削許多資本家的財產一起，發展起勞動過程的合作形式，並不斷的

* 指資本論英譯本，開爾版，第一册頁碼。

** means of production，即指手工具，農具，機器，房屋，以至道路，運輸工具等，稱生產工具似較爲明瞭，但普通譯稱生產手段，故仍用此名。——中譯者註。

擴大，科學技術自覺地應用，土地有方法地耕種，勞動工具轉變爲公用的勞動工具，因了用聯合，社會化的勞動之生產手段使一切生產手段化爲經濟……跟着大資本家不絕的減少，他們是侵佔並獨佔這種轉變過程中的一切利益的，便增加了不幸，壓迫，奴役，隋落，及剝削；但是跟着一起又生長了勞動階級的革命，這一階級的人數不斷增多，正由於資本主義生產過程本身的機構，使他們訓練，聯合，組織起來。資本的獨佔給生產方式一種鐐銬，這生產方式是與它同時發生，跟它繁榮，受其影響的。生產手段的集中及勞動社會化最後達於一點，變爲與資本主義的外殼不相適合，外殼就裂碎了。資本主義的私有財產的喪鐘響了，剝削者被剝削了。」*

馬克思僅僅從歷史來說明，且在本節裏作總結式地說明，即正如從前小工業，經過它自己的發展，必然要創造出破壞的條件一樣，便是小私有者的剝削，現在也是這樣，資本主義的生產方式也要創造出破壞它的物質條件來的。這種過程是歷史的過程，如果它同時又是辨證的過程，縱使杜林君會覺得不快，然不是馬克思的過失。

祇是在這一點上，馬克思從歷史的及經濟的事實基礎上完成了證明之後，他又說道：「資本主義的生產方式及佔有，因此有了資本主義的私有財產，是建築在所有者勞動上的個人私有財產的第一個否定。但是資本主義生產因了自然界定律的硬固性，產生了自己的否定，這就是否定之否定」——這樣下去的（引自前書）。

* 資本論第一册，英譯本，開爾本，三六到三七頁。

所以，馬克思指出這種過程的特質爲否定之否定時，他絕不臆想到企圖用它去證明這種過程乃是歷史的必然。相反的，他從歷史上證明這種過程事實上已部分地見到，一部分當見之於未來之後，他遂又指出它的特質，這種過程是照一定的辯證法定律發展的。如此而已。所以杜林君說到拿否定之否定當作收生婆，去從過去的子宮裏把未來接下來，或者說馬克思要任何人相信土地與資本公有（這本身是杜林的明顯的矛盾）是基於否定之否定的必然時，他又把事實純粹加以歪曲了。

杜林君完全不懂辯證法的性質恰恰從這宗事實裏表示出來；他把它認爲一件工具，經過它就可把事件證明，祇有在更狹隘的情形裏，形式論理學或初等數學才可以被這樣看法。便是形式論理學基本上也是求得到新結果，從既知向未知進行的方法——辯證法是相同的，祇是含更重要的意義，因爲它衝破了形式論理學的狹隘範圍，包含了更廣大的世界觀的胚芽。它與數學也是相同的，初等數學，不變量的數學，在形式論理學的範圍內運行，無論怎樣，當整個來看的，變量的數學，它的最重要的部分就是微分學，本質上無他，就是把辯證法應用於數學的關係裏面。在這裏面，簡單的證明的確放在後面了，——像與新領域探究方法的多方面應用比較起來。但是高等數學的差不多一切證明，從初步——微分學的證明——上去，照初等數學的觀點，硬性的來看，是錯誤的。在上面所講的情形裏，辯證法領域裏所得到的結果，如企圖用形式論理學去證明，情形必然是這樣。如對於像杜林君那樣呆笨的形而上學者企圖用辯證法證明任何事件，正像來布尼兹及他的學生對當時的數學者用微分學的原理去證明一樣，一樣是大大的白費時間。微分學使那班數學者正像否定之否定的使杜林君發抖，在這裏面，以後當要看到，微分學確實也擔任某種職務。結果，這班先生們，——或者他們中間不死於這期間的那些人——懷着妒忌降服了，不是因爲他們已相信，祇因微分學經常得出正確的結果。杜林君自己告訴我們說，他還祇有剛剛跨進四十，如果他能活到老年，照我們的想望，可能他的經驗會也是這樣。

但是把杜林君生活弄得如此苦惱，而且在他看來有像犯了像基督教中反對聖靈罪那樣不可寬恕的罪惡之同樣作用的這種可怕的否定之否定究竟是甚麽呢？——它是極簡單的過程，各處，每天都在發生，任何小孩都知道的——祇要一旦把神秘的面幕撕去，這是被舊的唯心論哲學所包上去，並有利於無能的形上學者們，杜林君的才幹也要它包着的。讓我們拿一粒大麥做個例子罷。這樣的大麥粒是無數被磨碎，煮熟，並且做酒，隨後都消費掉了。但是如果有一粒大麥，遇到了正則的諸條件，比如它跌落在適宜的泥土上，然後在熱及濕的影響之下，就起一種特別的變化，它發芽了；長圓形的麥粒不再存在，被否定了，代之而來的是從它這裏芽生出來的苗，即麥粒的否定。但這植物的正則的生活過程是甚麽呢？它生長，開花，受精，最後又生麥粒，等到麥粒成熟，稈便死去，它遂又被否定。這種否定的否定之結果，重新又得到麥粒，但不祇是一粒，却十倍，二十倍或三十倍於從前。麥的種，變化是極慢的，所以今日的大麥與百年前的差不多相同。

但如果我們拿一種人工栽養的觀賞植物，例如大理菊或阿吉蘭：如果我們處理它的種子及芽出來的苗像花匠所做那樣，那麽這種否定之否定的結果不祇是種子更多，種子的質也更好，後來能開更美麗的花，這種過程每重新反復一次，每次否定之否定都能增加這種改良。許多種昆蟲也有像大麥粒那樣相同的過程。例如蝴蝶，經過卵的否定而從卵孵出來，它們經過一定的變化，直到身體成熟，交配後再被否定，一到交配完成與雌的產下許多卵子，便死去了。我們現在把別種植物及動物過程不是這樣簡單，它們不是一次生種子，卵，或子息便死去，却要生多次才死去的事實按下不提；我們現在的意思不過表明否定之否定現實上發生於生物世界的動物植物兩界中。還有，整個地質是一聯串的被否定之否定的，是一種歷次老岩石破壞新岩石形成的列系。起先因流質冷凝而成的原始地殼被海洋的，氣學的及大氣化學的作用破壞，這等破壞下來的質量乃堆積在海底上。局部海底上昇出海面上，初層岩石又受到雨水，四季冷熱的變化，及大氣中氧氣及炭酸的作用。這等相同的力量作用於從地球內部流出來凝結成的岩塊，把地層破壞然後再團結起來。照這種情形，經過幾百萬個世紀，不斷的有岩層形成，大部分又不絕的受到破壞，不斷的供作形成新岩層的材料。這種過程的結果是很積極的：從各種不同的化學原素造成混雜的，被弄得粉粹的泥土，使植物能够繁生。

在數學裏也是這樣。讓我們任取一種代數學的數量，例如a。如果是否定的，就得-a（減a）。如果否定那否定，即用-a剩-a得a^2，便成爲原來的正數，但增高一級，昇爲乘方。如用正a自乘也得a^2，與a^2相同，沒有差別。因爲否定的否定堅定地存在a^2裏，它經常有二個平方根，即a與-a。除去否定的否定，乘方中的負根的不可能這一事實，我們在二次方程裏便得明白的意義。否定之否定在高等分析法中還要動人地明白，如在「無限少量的總和」裏，這是杜林君自己稱爲數學的最高運用，通常的話就是稱爲微分及積分的。這等微分的形式如何運用的呢？例如在一個問題中，有二個可變量x與y，如沒有別一個照被問題的條件所決定的比例發生變化，兩者都不起變化。我把x與y化爲微分，就是說，我把x與y變爲無限小，與任何小的現實量相比是如此小，它們消滅了，x與y已沒有東西留存，衹有數的關係而沒有（就算這樣說）物質基礎的，是一種量的關係而其中沒有量存在。所以dy—dx，即x與y兩個微分數間的關係就等於0—0，但是0—0就是y—x的表示。我這裏衹要說明這種兩種已經消失了的數量之間的關係，當它們在消失的時刻有一個矛盾；它沒有擾亂我們比擾亂差不多二百年來的全部數學家更甚。然而我所做的，不是把x及y否定了嗎？雖然不是我無須再擾及它們，而且不像形而上學的那樣的否定，衹是與這一場合的事實相應地否定了。所以在我的面前的公式或方程式上，有dx與dy否定x與y。隨後我再繼續計算這等公式，把dx與dy當作現實的量，雖然是屬於一定的例外定律的，并且到某一定的點上我就否定了否定，就是說把微分公式化爲積分，去掉dx與dy，又得現實數量x與y，而且我不是在開始的一點，而是用了這種方法把爲普通的幾何學及代數學用盡腦筋也解決不了的問題解決了。

又在歷史上也有相同的情形。一切文明民族開頭都是土地公有的。一切經過原始時期的人民，在農業發展的過程中，這種公有制度對於生產成爲束縛。遂被廢除，即被否定了，并且經過或長或短的中間階級的列系，它遂變爲私有財產。但是由土地私有所引起的農業發展到了更高的階級，如今日那樣，私有財產，無論小土地所有或大土地所有，又成爲生產的束縛。必然要發生把它再否定，有把它重新再變爲公有財產的要求，但是這種要求絕不是說舊的公有制度的回復，却是一種更高度，更發展的公有制度，絕不是生產的障礙，正相反，是第一次從一切束縛裏解放出來，給它能够充分應用近代的化學發見及機械發明的可能性。

還可以讓我們再拿別的例子來：古代的哲學是原始的，自然的唯物論。因此，它不能够把思想與物質之間的關係弄清楚。可是因爲需要把這疑問弄清楚，遂引導到精神與身體分離的主張，隨後成立了精神不滅說，最後走到一神論。因此舊唯物論被唯心論所否定。可是因爲哲學遠大的發展，唯心論亦變爲不能持續，遂爲近代的唯物論所否定。這種爲否定之否定的近代唯物論不祇是唯物論的重造，却是在這種舊唯物論的永久基礎上增加了二千年來的哲學及自然科學的發展，以及二千年來歷史的發展的全部思想內容。事實上，它不復是哲學，而是簡單的世界觀，它不是被應用於分離的科學之科學裏，而在實在的科學裏去建設正確性。這種發展的哲學是被「揚棄」過了的，這就是說，「同時廢除與保留」過了；對於它的形式被廢除了，對於它的眞實的內容是被保留着。

然則否定之否定是甚麼呢？是一個極端一般的——因此也是極端廣泛而且重要的——自然，歷史，及思想的發展定律；這種定律，照我們所已看到，在動物界，植物界，地質學，數學，歷史及哲學裏都是對的，這種定律，縱使杜林君，雖然用全力鬥爭與抵抗，自己還是不知不覺地跟着它走着。明明說明如否定之否定這等任何進化過程時，我並沒有說到，例如，大麥的種子從出芽到結果實的麥株枯死這等發展上的特殊過程。因爲像積分學也是否定之否定，如果我說大麥的苗之生活過程就是積分學，或者說就是社會主義，這樣說法，我就要說出無意義的話來了。然而形上學者却一逕想這樣加非於辯證法。我說一切這等過程是否定之否定的時候，我把它們一古腦兒歸納在這一條運動定律下面，正爲了這個緣故，我放棄說明各個個別過程的特性。辯證法不是別的，就是自然界，人類社會，及思想的運動及發展一般緒定律的科學。……

第二卷　政治經濟學

暴力說

從歷史上說，私有財產的出現並不是槍奪或暴行的結果。却是相反的，在一切文明人民的古代原始公社裏，雖然祇以某些東西爲限，它是已經存在的。便是在這等公社裏，從最初與外人交換起，它發展起來，一直到成爲商品形式。公社的產物愈加成爲商品形式時，產品就愈加不供給生產者自己使用，愈加供交換的用途，在公社裏面，交換也愈加代替了原始的自然分工，公社裏各個分子的財產愈加發展得不平均，古代土地公有制也破壞得愈深，公社也愈加迅速瓦解，變爲小農的村莊。有數千年，東方的專制政體及侵入的游牧民族改變的統治，都不能改變這種老式的公社形式；祇有大量工業的產品出來競爭把原始的家庭工業逐漸破壞，方才把它們弄得漸近崩潰。在這種過程裏，像摩塞耳（Moselle）及在霍萬爾特（Hochwald）的 Gehoferschaften（一種村社）裏至今還在進行的分割公有的耕地一樣，很少暴力加入的；農人們覺得把耕地作爲私有以代替公有制實際上對於他們是有利盜的。便是在塞爾忒(Celts)，日耳曼(Germans)及印度的判約字(Punjab)裏的情形，原始的貴族制也是從土地公有的基礎上形成的，開頭沒有用一點暴力，祇是由於自願的語意及習慣。凡是私有財產發達起來的地方是因生產及交換變更了關係，有利於增加生產及推廣貿易的結果而起來的，——這便是說：由於諸經濟原因的結果。這件事情裏完全沒有暴力的作用。眞的，這很明白，在强盜能佔有別人的財產以前，私有財產的制度必定已經存在，所以，暴力能够改變所有者，但不可能創造私有制度。

我們不能拿暴力或財產基於暴力來解釋最近代形式的「奴役人們作賤役」——即僱傭勞動。我們已經說過，使原始公社崩潰的主要作用，在私有財產的直接或間接的擴大化裏，由於勞動的產物變爲商品，產物不再供生產者自己的消耗，却供交換之用。馬克思在資本論裏說明得絕對明白——杜林君却一點也沒有提及——商品生產發展到了一定的階段就變爲資本主義的生產，在這一階段上，「佔有的諸定律，即私有財產的諸定律，即基於生產及商品循環的諸定律，因了內在的不可避免的辯證法，遂變爲正相反對的一方。等價物的交換，最初的交換，是這樣開始的，現在變成這樣一種情形，成爲祇是表面上的交換。這是由於這一事實，第一，與勞動能力交換的資本是不用等價物佔有來的別人勞動生產物的一部份；第二，這種資本不但由它的生產者予以償還，而且與加上的剩餘一併償還。……當初一看，似乎財產的諸權利是由於那人自己的勞動的。……然而照現在「在馬克思研究末期」看來，在資本家方面，財產的變成爲權利就是佔有了別人白做的勞動即其產物，而且，在勞動者一方面，是不可能佔有自己的產物。財產從勞動裏分離，係從它們本身產生的定律之必然結果。」

用別的話來說，便是我們把盜取，暴力，及欺詐一切可能性除去，便是我們假定一切私有財產的起源起於所有者個人的勞動，幷且以後的全部過程祇是等價物對於等價物的交換，生產及交換的進步上也必然要達到現代的資本主義生產方式的，到生產工具，生活資料，歸於數目上很少的階級獨佔，到別的佔大多數的階級降爲沒有財產的無產者，到生產盛旺與商業危機週期性的起伏，幷且到如現在的生產全部成無政府狀態。這全部過程是純粹可用經濟原因說明；搶掠、暴力、各種政治干涉一點也不需要的。「財產基於暴力」，這裏證明無他，不過是誇張者用以遮掩他不了解實在情形的辭句而已。

歷史地說起來，這種經過就是資產階級進化史。如果「政治條件是經濟秩序的決定原因」，那麽，近代的資產階級不能够與封建主義鬥爭與發展起來的，必定是後者願意地產生出來的寵兒。各人都知道，發生的情形適却相反。資產階級起初本是一個被壓迫的等級，須向統治的封建貴族納稅的，是從各種農奴及奴隸掙扎起來的，這班市民們繼續與貴族鬥爭，節節得到勝利，最後，在最發達的國裏，取得了權力：在法蘭西，直接推倒貴族；在英格蘭，使貴族愈益成爲資產者，幷且與它合併，做了資產階級的上層裝飾品。它怎麽能够成爲這樣子的呢？簡簡單單因爲通過「經濟程序」的變化，遲早點，由於自願或由於鬥爭的結果，接着政治條件也發生變化。資產階級反對封建貴族的鬥爭是鎮對鄉，工業對所有地，貨幣經濟對自然經濟的鬥爭；市民們在這種鬥爭裏決定性的武器是他們的經濟力，通過起初由手工業的發展，後來進步到工廠工業，及通過商業的擴張，而不絕的增强。在全部鬥爭時期內，政治勢力是在貴族一方面的，除却有一個時期，這時候皇室利用市民反對貴族，因此這二個「等級」遂能互相節制：但是自從這班市民因爲經濟力量增大開始成爲危險時，此時在政治上還沒有力量，皇族又復與貴族聯合起來，因此，引起了資產階級革命，英格蘭在先，法蘭西在後。在法蘭西，「政治條件」依舊不改，「經濟條件」則已經超過它們。在政治地位上，貴族超過一切，市民毫無取得；但在社會地位上，現在市民成了國內最重要的階級，貴族則社會任務已完全失掉，現在祇遇收獲時候，抽取納給職能已經消失了的欵項。

但是還有，在一切他們的生產裏，市民仍然受中世紀封建的政治形式的約束，這種生產，——不但工廠工業，就是手工業能——也已早超過了它；然而仍然受着無數行會的特權，及本地的及各省的捐稅的障礙之約束，這些東西對於生產變爲祇是阻礙與鐐銬。資產階級革命把它結束了。并不照杜林君的原理所說，拿經濟秩序去適合政治條件的，——這是貴族們許多年來確實想這麼做然而無效——正相反，把陳腐的政治末屑去掉，創造了使新的「經濟秩序」能够存在與發展的政治條件。在這種政治及法律的氣氛中，是適合於它的需要及燦爛地發展的，固然燦爛地發展，資產階級便佔據了一七八九年間貴族的地位：它逐漸漸愈加變爲不但社會上的贅物，且成爲社會的阻礙；它漸漸愈加變爲從生產活動分離，像過去的貴族一樣，愈加變爲祇是抽取捐稅的階級；它把自己的地位成功了這種改革，並且創成無產階級這個新階級，絲毫不費一點暴力，純粹由於經濟的路線，還有，這種結果一點不是出於自己的行爲及活動，——相反的，這種情形起於與資產階級的意志反對，願望相反的一種不可違抗的力量；它自己的生產力生長得超出管轄力量之外，又像受了自然界定律的作用一樣，驅使整個資產階級社會進於毀壞與變革。現在如果資產階級要依靠暴力把「經濟秩序」從最後的破產裏救出來，不使崩潰，這樣做法祇是表示他們陷於像杜林君的同樣幻想中，幻想着「政治條件是經濟秩序的決定原因」；他們表示是在正像杜林君那樣料想，祇要用了「原始現象」，「直接的政治勢力」，他們能够把經濟秩序這「次要的事件」及它的必然的發展重新改造的；他們以爲蒸汽機及由它發動的近代機器所得的，今日的世界貿易及銀行與信用制度的各種經濟結果，可用克虜伯的砲及毛瑟的槍打掉似的。……

當人們最初從動物界——這名詞作狹義用的——蛻化出來，而走進歷史時，還是一半像動物，兇野的，遇到自然界的勢力還是沒有辦法，對於自己的性質也無所知。結果貧乏一如動物，也不見得比它們多生產。這種生活條件裏確有某種平等，諸家族的家長的社會地位也有某種平等，——至少不分社會階級的——這種情形一直繼續到後期開化民族的自然農業社團裏。在各個這種社團裏，雖然受整個社團的節制，但維護某些公共利益的責任開始便落在有些個人們身上，爲解決紛爭，制止個人侵犯別人的權利；在熱的地方則須管理用水；最後，在條件十分原始的地方還有管宗教的祭典。這等職司見於各時期的原始社團——見於最古的日耳曼的馬克社團，今日的印度還有。他們當然賦有某範圍的權力，而且也是政權的開頭。後來生產力漸漸增加起來；因人口密度增加，分開的社團之間，有的情形之下發生共同利益，有的發生利益衝突，社團聯合爲較大單位，遂發生新分工，組織機構，以保護共同利益，及防禦利益衝突。這等機構，因爲是爲全羣的公共利益而設的，所以對於個別的社團有特具的地位——在一定的環境之下，甚至會成爲對立的——不久逐愈益獨立起來，一部分由職司的傳襲，這種情形在各種事情自然地發生的世界裏差不多是當然的，又一部分因爲與別羣衝突增多逐愈不可省。至於這種社會職司，怎樣對社會隨時間增加其獨立性，一直發展到統制社會；條件有利，則怎樣逐漸變起來，成爲地主的僕役原來是甚麼；這等地主，由於條件不同，怎樣變爲東名的暴君或暴吏，希臘氏族的王，塞爾特部落的酋長等等；並且在這種轉變當中曾使用了多少武力；最後，這等個別的統治者怎樣聯合成統治階級的，這裏沒有討論的必要。我們祇要說明在各處地方，社會職司的實施都是政治統治的基礎；進一步說明，政治統治祇有在它能履行社會職司才能長久存在的事實就够了。但印度及波斯有多少專制政治興起來又衰落去，各人十分明瞭，它的最初職司是從事山谷間的灌漑的，如果沒有灌漑，農業便不可能。因爲這文明的英吉利人在印度沒有注意到：他們任灌漑道及閘門敗壞，經過有規則的反復飢荒，最後才發見他們忽略了一件工作，這工作是能使他們的統治印度至少成爲像他們的先輩一樣合法的。

但是跟着階級發展起來，還發生了別的事件。種田地的家族有了自然的分工，在生活安康的某一水準上面，就可能招添一個或數個外人以增加勞動力。特別在舊的土地公有權已經消滅，或者至少從前的聯合耕種已經轉變爲各個家族將小片土地分開耕種的國內有這種情形。生產已發達到這一程度，人的勞動力現在已能够生產比較僅僅維持它的存在更多的東西；維持增加的勞動力的資料已經存在；

使用它們的資料也已有了；勞動力遂獲得了價值。但在所屬的社團及團體內，沒有過多的勞動力可得。在別一方面，戰爭却供給了這種力量，並且戰爭，在鄰近的幾個社團彼此之間，與團體的存在是同樣古老的。到那時爲止，他們還不知道戰爭的俘虜如何處置，就簡簡單單把他們殺死；更早一點的時候是把他們吃掉的。到了這種「經濟秩序」的時候，俘虜現在有了一種價值；捕獲他們的人遂讓他們活着，並利用他們的勞動了。這樣，暴力沒有管制經濟秩序，相反的，它反被迫的爲經濟秩序服務。於是發明了奴隸制。這制度在發展到超過原始社團的一切民族裏即刻成爲主要的生產形式，但到結末，它也是那種制度敗壞的主要原因之一。奴隸制度開始使農業與工業之間有相當巨大分工之可能，并且由於于這種制度乃發生希臘文化這種古代社會之花。沒有奴隸制則沒有希臘的國家，沒有希臘的藝術及科學；沒有奴隸制也沒有羅馬帝國。如沒有希臘文化與羅馬帝國作基礎，也就不會有近代的歐洲。

我們永久不要忘記，我們全部經濟的，政治的，及智識的發展是以這些事件爲先決條件的，其中奴隸制就是被普遍認爲必需的一件。在這意義上，我們就有權這樣說：沒有古代的奴隸制就沒有近代的社會主義。

對於奴隸制及一切其他類似的事件加以詈罵，及對於這等醜事發洩爲道德高尚的義憤是很容易的事情。祇是不幸，一切這種表達，祇是表示了這等古代的制度已與我們現在的條件及我們的情感（這是由這等條件決定的）不相適合。它却沒有告訴我們一句話，即這等制度是怎樣起來的，是如何存在的，并且它們在歷史上盡了些甚麼任務。我們檢討這等疑問時，我們祇好說——縱使聽起來會覺得矛盾與怪異——可是在那個時候的條件下面引導出奴隸制是一個大進步。因爲事實如此，人是從野獸跳起來的，以後也曾經用了野蠻的而且差不多野獸的手段把自己從野蠻中跑出來。古代的公社，繼續存在的地方數千年以來，從印度到俄國，形成了東方暴君專制這種最野蠻的政治形式的基礎。祇有在這等公社已經消滅的地方，人民自己已經進步，並且他們第一步的經濟進展，就在於用奴隸勞動使生產發展與增加。這裏很明白的，在人力勞動的生產性還是很少，供給生存的必需資料以外的餘剩還是很少，要求生產力的任何增加，貿易的推廣，政體及法律的發展，藝術及科學的開端，祇有增加分工才有可能。這一個必需的基礎，便是執行簡單的體力勞動的羣衆，與少數有特權的人，指揮勞動，引導貿易與公共事業的分工，到了後來的階段上，他們遂從事藝術與科學了。這種最單純而且最自然的分工形式，事實上就是奴隸制。在古代社會的歷史條件裏，特別在希臘以階級對立爲基礎的社會進步，祇有在奴隸制的形式來成就的。便是對於奴隸本身，這也是一個進步；奴隸羣衆係得自戰爭的俘虜，現在戰俘至少能够活命了，不再像從前的被殺掉，在更早的時候甚至於還要被燒烤的。

關於這一點，我們可以再加說明，剝削與被剝削，統治與被壓迫這等階級間的一切歷史的對立，到了這日子，在人力勞動同樣對比的不發達生產性可以找到解釋。在眞正勞動的人民一逕陷於必需的勞動裏，沒有時間可以騰出來管理社會的公共事情，——指揮勞動，國家的事情，法律事件，藝術，科學等等，——就一逕需要一個特殊階級存在，從實際勞動解放出來，來管這等事情；爲了自己的利益，他們自然決不會對於勞動羣衆不去步步給他們加重負担的。祇有通過大規模的工業，生產力大量增加，使全社會一切分子無例外的都負担勞動，於是可以限制各分子的勞動時間到這樣限度：使一切人都有足够的閒暇時間去管社會上的一般的——包含理論的與實踐的二方面——的事情。所以正在現在，任何統治的，剝削的階級已變爲贅瘤，而且成爲社會發展的障礙物，並且正是現在，這階級縱使有很多的「直轄武力」，將來總是要被消滅的。

所以，杜林君指責希臘文化，說它因爲建築在奴隸之上，那麽他如責備希臘人沒有蒸汽機與電報，也同樣公平了。并且他確說：近代的工資奴隸制是奴隸制多少變形的與減輕的遺產，不是從這制度本身（即是說近代社會的經濟定律）來的。這話或者單是說僱傭勞動與奴隸制二者都是壓迫與階級統治的形式，這是小孩都知道的；或者是錯誤的。因爲我們可說僱傭勞動祇能用吃人制的減輕形式來解釋，也一樣公平，因爲現在已經確定：吃人制是一種處置打敗的敵人的普遍原始形式。

暴力與經濟的發展對比，在歷史上所演的任務怎樣，現在已明白了。第一點，一切政治力量的起源，基於一種經濟的，社會的職司上，並且，因原始的社團消滅，社會上分子比例增多，遂變爲私有生產者，因此愈加從社會的一般職司管理者離開。第二，到政治力量對社會成爲獨立，從僕役變爲主人後，它可向兩個不同的方向工作。或者在這一意義及向正則的經濟發展的方向工作，這樣做法不會有衝突發生，經濟發展而且加速；或者力量向着反對經濟發展工作；這樣做去，除却少數例外，這力量總是對經濟屈服。這等少數例外，會見於幾個征服的單獨的例子，即因爲野蠻的征服者屠滅或趕出一地方的人民，因爲他們不知道如何使用，遂把生產力廢棄或者任它衰頹。摩耳的西班牙之基督教徒，對于摩耳人高度發展的農業及園藝所依靠的灌溉工程之大部分就是這樣幹掉的。每一次被較野蠻的民族所征服時，當然把經濟發展搗亂，把許多生產力毁壞。但照大多數情形講，征服的地方如一長久，較野蠻的征服者結果自己去適應那較高級的「經濟秩序」；他於是被戰敗者所同化，最多數的例子甚至採用了他們的言語。離開征服的例子不說，在一處地方，内部的政治勢力與經濟發展相反背時，如古代的各種政治勢力，在一定時期所見到那樣，這鬥爭總是由政治勢力倒翻而完結。經濟的進展總是頑强無例外的衝開道路前進——這一種最遲而且最動人的例子，我們已經說過，就是法國的大革命。如果照杜林君的說法，一個國家的經濟秩序與相關的經濟機構是單純依靠政治勢力的，那麽威廉第五，雖然有「强大軍隊」，爲甚麽不能够把中世紀的行會及别種傳奇式的怪想頭接裝在那時國内正在興起來的鐵路，蒸汽機，及大規模的工業上面；還有俄國的沙皇，他的確力量還要强大，爲甚麽不但不能付欠欵，如果不從西歐的「經濟秩序」繼續借債，甚至不能維持他的「力量」，就完全不能了解了。

照杜林君看來，暴力是絕對的惡事；他把最初的暴力行動看作便是原罪；他的全部說明衹是對於這一班被原罪所引起流傳於以後的歷史上的汚點發生悲憤，悲憤那被惡魔的力量即暴力所造成的一切自然的與社會的諸定律這種可羞的曲解。然而那暴力，在歷史上還演着别一種任務，便是革命的任務；照馬克思的話來說，它是已經孕育了新胎的各個舊社會的收生婆，它是這樣一種工具，得它的助力，社會運動就能衝開道路，并且打破那死的，化石的政治形式——對於這，杜林君一句話也沒有說起。他祇是帶嘆着氣與叫苦承認了推翻剝削的經濟統系那種暴力或許有必需的可能性——不幸得很，因爲使用暴力，都會使使用的人老老實實的墮落下去。雖然實際上每次革命勝利的結果總是道德提高，精神奮發！並且便在德國，發生一種暴烈的衝突——確實會强迫着到人民——至少也會有掃除服從性，這種性質是三十年戰爭的受辱結果滲透在國民意識裏面的。

第三卷　社會主義

理　論

唯物史觀係從生產，及由生產而來的產物交換爲各種社會秩序的基礎；並表現在歷史中的各個社會裏，產物的分配，及因此把社會分爲階級或等級是由生產的是甚麼，怎樣生產，及產物怎樣交換來決定，這原則出發的。照這概念說，一切社會改革及政治革命的終極原因的找尋，不在人們的心裏，因爲他們愈加看透了永久眞理與正義的緣故，却是由於生產及交換方式的改變；它們不在於那一個時期的哲學裏，却在經濟裏。漸漸實現出現在的社會制度是不合理的而且不公平的，理智已變爲無意義而且嘉行成爲懲罰，這祇是表示生產方法及交換形式已經暗暗的在改變，因與適合於先前經濟條件的社會秩序已經不再相適合。這裏又包含着：通過這些可以把已經顯示出來的弊害去掉的方法必然也以多少已發達的形式存於改變過的生產條件之中。這等作用不是從心裏發明的、却是由心從現存的，生產的物質事實中發見出來的。

那麼，在這基礎上面，何處建設起近代社會主義來呢？

現在已經明白公認，現存的社會的秩序是現在的統治階級即資產階級的創造物。資產階級特有的生產方式——自馬克思以後稱爲資本主義的生產方式——與封建統系上的地方特權，及出身的特權，以及個人的互相束縛，是不相容的；資產階級把封建統系打掉，在這破壞的場上建立起資產者的社會秩序，自由競爭，運動自由，商品所有者的平權，及他種資產者社會的繁榮。現在資本主義生產方式可以自由發展了。從蒸汽機及新的製造得極快的機器開始，把從前的工廠工業改變爲大工業這一時候起，生產者在資產者的指導下，發展得前所未知的廣大，與達到前所未有的高度。但正如工廠工業（手工業亦會受影響而大大發展）從前與行會的封建鐐銬發生衝突一樣，大工業亦然，到發展到更充分時，必然與限制資本主義方式生產的障礙物相衝突。新的生產力蓋已超出使用它們的資產者方式以外；此種生產力及起來的生產作用之間的衝突不是發生於人們頭腦中的一種衝突，例如像原罪與神之正義中間的衝突那樣的東西；它是存在于事實裏，客觀地，我們以外，獨立於意志或目的以外，甚至於促進它發生的人們之外的。近代的社會主義非別，不過是這種實際衝突的思想反映，它的理想的反映作用首先就在直接受這制度苦痛的階級——即勞動階級——的中心。

然則這衝突究竟包含在甚麼裏面呢？

資本主義生產以前，便是在中世紀的時候，一般都是小規模生產，以生產手段由工人私有作基礎的：如小農，自由民或農奴的農業生產，及鎮上的手工業。勞動工具——土地、農具、作場及用具—

—是個人的勞動工具，祇供個人使用，因此必然是纖小，矮短，受限制的。也正因爲這些東西照例爲生產者自己所有的，把這些分散的，有限的生產手段集中，擴大，把它們轉變爲今日的强大的生產力量，確是資本主義的生產方式及它的代表人，這資產階級的歷史任務。馬克思在資本論第四卷裏，把怎樣從十五世紀以來，這種過程歷史地發展起來，通過簡單的合作，工場製作，及大工業三個時期，講得很詳細。但是，正如馬克思又指出來，資產階級不能够把那些有限制的生產方法改變爲强大的生產方法，除却它們從個人的生產方法改變爲社會的生產方法，這一方法祇有把一羣人們成爲一體才能使用。紡車，布機，鐵匠的鎚，被紡紗機，機織機，及蒸汽鎚所代替；數百或數千工人合作的工廠代替個人的作場。並且，像生產方法一樣，生產本身從個人的連續工作改變爲一連串的社會作動，產物則從個人的產物改變爲社會的產物。現在從工廠出來的紗，布，及金屬器具，是由許多工人的共同產物，沒有製成之前，是先後經過許多轉手的。這樣的產物沒有個人能够說是我做的，那是我的製品。

但是自然發生的分工在社會裏作生產的基本形式的地方，產品便印上了商品的形式，個人生產者拿它來互相交換，買進與賣出，以充足多方的需要。在中世紀是這樣一種情形。例如，農民賣農產物給工匠，又從他這裏買手藝產物。新的生產方式衝進個人生產者，即商品生產者的社會裏，遂在曾經遍佈社會的原始無計劃分工中間，衝進去，安放好，并在個人的工廠裏作有計劃的分工；與個人的生產並排在一起，社會的生產遂出現了。兩種產物都在同一市場上出賣，至少價格是差不多相同的。但原始是有計劃的組織比的分工强些，在勞動作社會化地組織起來的工廠裏，生產出商品來，比分開的小生產者價錢低廉得多，因此個人生產先後一一被打倒；社會生產改革了全部從前的生產方式。但是這種不大被明瞭的革命性，在別一方面，它作爲刺激與促進商品生產的方法引導進去的。它的起源，與已經存在的商品及交換的有些力量：如商業資本，手藝，傭僱勞動，直接相關聯。雖然它成立爲一種商品生產的新形式，商品生產的佔有性質的諸形式依然十分有勢力。

商品生產在中世紀已經發達，誰是勞動產物之所有者這問題也並不發生。個人生產者生產商品，照例，是用自己所有，常常自己所產的原料，用自己的勞動工具，並且用自己的手來做或家族來做。這產物，他一點也無需去佔有；事實上當然完全屬於他的。所以這產物爲他所有是由於用他自己的勞動。便是有時也受外邊的幫助，通常總是次要的，在許多情形裏，工資之外還有別種報酬；手藝工人的學徒及僱工不是全爲食宿及工資去作工，重要的是去練習自己成功一個熟練的手藝者。然後生產手段集中在大工場及工廠，它們在事實上是轉變爲社會性的生產手段了，不過社會的生產手段及社會的產物，還是像從前一樣，把它們當作個人的生產手段及個人的產物。在這以前，勞動工具的所有者所以佔有產物因爲是他自己的產物，別人的幫助勞動祇是例外；現在雖然產物已不是他的產物，已經完全是別人勞動的產物， 而生產手段所有者仍然繼續佔有了產物 。這樣一來，現在已是社會生產的產物，不由眞正運用生產手段與眞正生產這產物的人所有， 却被資本家們佔有了 。生產手段及生產本身，本質上已變爲社會的，祇是它們仍服從於一種佔有形式，這形式的先有條件是個人的私有生產，各個人領有自己的產物與帶它到市場上去的。現在雖然佔有形式所基*的先有條件已不存在，生產方式却還是服從於這種佔有形式。在這種給新的生產方式以資本主義性質的矛盾裏，今日的全部衝突已具胚型。這種新的生產方式在生產的一切有決定性的部門，及在有決定性者經濟上，佔重要性的諸國裏如愈加得勢，把個人生產壓迫到無意義的地位時，社會生產與資本主義佔有的不相容必然愈加顯著。

我們已經說過，第一個資本家看到已有僱傭勞動形式存在：但它還祇是例外，一種副業，一種補充，一種過渡狀態。有時出去作日工的農業勞動者有少數幾畝土地，如果遇必要時，他可以靠此爲生。行會的規則本規定今日的傭工明日可以成爲師父。但是一旦生產手段成爲社會的，並且集中在資本家手裏，這種地位改變了。小規模的個人生產者，生產手段及產物兩方面都益發失掉價值；除却到資本家那裏去做工賺工資之外，他已沒有事情可做了。自來爲例外及次要的僱傭勞動已成爲一切生產的通例與基本形式；自來爲一種副助行業的，現在已變爲勞動者唯一的活動。短時僱傭工人已變爲終身的僱傭工人。與同時候封建制度的瓦解，諸侯家丁的分散，農民從家園裏被排斥出來，及其他的這等情形，終身的僱傭工人數目遂增加到極大的數目。於是一方面生產手段集中於資本家的手中，別一

* 雖然佔有形式還是那樣，佔有性質却已受上面所講過程革命化，其程度不比生產爲小，這裏可不必加以解釋。我佔有我自己的產物與我佔有別人的產物的確是兩種極不相同的佔有形式。這裏可以順便說及，在這裏邊全個資本主義的生產方式已具雛型的工資勞動原是一種很古老的制度，它數世紀來，與奴隸制並排成獨立與分散的形式發展起來的。但是必須到了必需的歷史條件到來時，這雛型才能發展爲資本主義的生產方式。——恩格爾斯註。

方面，生產者除了勞動力便一無所有，兩者才完全分開。社會生產與資本家佔有中間的矛盾遂表現爲無產階級與資產階級的對立了。

我們看到資本主義的生產方式投入個人生產的商品生產者社會裏，個人生產者的社會關係是由他們的產物交換來維繫的。但是以商品生產爲基礎的各個社會都有一種特性，便是在這社會裏的生產者失掉了對於自己的社會關係的統制力。各人用了臨時取用的生產手段給自己生產，並通過交換的媒介物以滿足各人的需要。但沒有人知道他所生產的物品有多少運到市場上，或者那裏需要多少；沒有人知道他個人的產物能否遇到實際的需要，是否他能抵償成本，甚至於不知道產品是否能夠賣出去。社會生產裏蘊藏着無政府狀態統治。但商品生產，像一切別種生產形式，有它自己的定律，是固有的，不可能分離出來；它們不顧無政府狀態，就在無政府狀態內，通過無政府狀態，而確立下來。這等定律在繼續存在的社會關係中的唯一形式裏，在交換裏，表現出來；並且對於個人生產者，像強制的競爭定律那樣強制着。當初，便是這等生產者也是不知道它們的，後來經過長久的經驗，遂漸漸被他們發見。所以這等定律離開生產者，並對着生產者，成爲它們的生產形式之自然定律，盲目地工作着。產物支配了生產者。

中世紀的時候，特別是較早的幾世紀裏，本質上，生產是供給生產者自己使用的；主要目的祇爲了滿足生產者及他的家族之需要。在鄉間，因爲有隸屬關係存在，產物又須去滿足諸侯的需要。因爲沒有經過交換，所以這產物性質上不是商品。農民的家族裏差不多一切所要的東西都由自己來生產

——如用具，布匹，以及食物。祇有除了供給自己的用度及貢獻給諸侯的物品之外，剩下來的產物才成爲商品——祇有在這階段成爲商品，並開始生產了商品；把這些剩餘的產物，投進社會的交換裏，去出賣時，遂成爲商品。這是眞的，鎮上的手藝工人極早就生產下物品來供交換之用。然而便是他們，也把最大部分東西供自己使用；他們有園及小塊土地；他們常放牛在公共的林地上；從林地上採取木材及薪柴；婦女們拿亞麻及羊毛等等來紡織。爲交換而生產的，即商品的生產，此時還很幼稚。所以，有限的交換，有限的市場，固定的生產方法，一地方與外界隔絕，一地方內部單純：在鄉下成爲鄉村公社，在鎮上則爲行會。

然而跟着商品生產的擴大，特別跟着資本主義的生產方式的出現，先前潛伏的商品生產的定律，也愈加顯露而有力地發生作用。舊維繫解脫了，舊分隔打破了，生產者們愈加漸漸的轉變爲獨立的，孤立的商品生產者。社會生產的無政府狀態顯著起來，並且逐漸推展到極端。但是資本主義的生產方式，使在社會生產中加重無政府狀態的主要方法便是無政府狀態的正面對立物；即在個別的生產部門裏社會基礎上生產組織的增加。因了這一種槓桿的作用，結束了從前平安的穩定性。它一經引入任何工業部門，舊法生產便不容在旁邊存在；凡征服了手藝工業的地方，手藝便被排除。勞動場所遂成爲戰場。偉大的地理發見及擴充殖民地，接着是擴大市場與促進手藝工業轉變爲工廠工業。鬥爭遂不祇限於個別地方的生產者之間；地方的鬥爭擴張成國與國的鬥爭，成爲十七世紀及十八世紀的商業戰爭。結末，大工業及世界市場的創造，使鬥爭普遍化，同時更使它無比的緊張。個別的資本家間，與整個的工業及整個的國家一樣，由自然的或人爲的生產條件的優良性來決定生死。被打倒的便被無慈悲的拋棄。這便是達爾文說的個體生存鬥爭，高度猛烈的從自然界轉移到社會裏來。自然界中動物的立場，在人類發展中表現了最後的決論。社會生產與資本主義佔有中間的矛盾就產生了：個別工廠中生產組織與整個社會中生產無政府狀態間的對立。

資本主義的生產方式，在本質上生成這樣的內在的這二種矛盾形式裏運動，沒有逃出傅立葉老早發見的這「罪惡圈」之希望。但是在傅立葉生存的時候，還不能看出這圈子在漸漸的收小；那運動是偏於作螺旋形的，與行星的運行相像，必然將遇到與中央相衝突這一結局。因了社會的生產無政府狀態這種驅逐力，遂把極大多數的人逐漸變爲無產者，回過來，這班無產者羣衆終於把生產的無政府狀態告結束。社會的生產無政府狀態的驅逐力把大工業中機器無限完全性，在破滅的罪罰之下，變成爲使個別工業資本家把機器造得愈發完全的强制命令。但是機器改善，人的勞動就有過剩。如果採用及增加機器，就是數百萬手工人爲少數機器工人所代替，那麼機器改良就有許多許多機器工人被歇掉，最後創造出可用的僱傭工人羣衆超過資本所需要勞動的平均數之上——我早在一八四五年*稱他爲完整的工業後備軍——準備着工業工作高壓之時期可以僱用，但是興隆之後必然接着要破產，又被拋棄在街上。在對資本作生存戰鬥時，後備者一逕是勞工階級脚上的重壓，是使工資降低以適合資本需要的調節器。用馬克思的話來說，因此，機器成爲資本反對勞工階級戰爭的最有力的武器，勞動工具一

*英國工人階級狀況一〇九面（德文版）——恩格爾斯註。

還向勞動者手裏奪去生活資料，正是勞動者的這種產物變爲使他服從的工具。因此，勞動工具經濟化，開頭便是同時起來的勞動力的絕不注意的廢棄，與機動職能的必需的正常條件之掠奪；機器類是「縮短勞動時間最有力的工具，成爲資本家爲了擴張他的資本之價值這一目的的處置下來安置每分鐘勞動者的及其家族的時間之最準確的工具。」*

因這緣故，有些人過分的勞動成爲別些人失業的必然條件，並且，大工業，去向全世界找新消費者，國內則限制大衆的消費到飢餓的程度，因此遂傷害了國內市場。「這定律經常把相對的剩餘人口，即工業後備軍，與資本蓄積的廣度與能力相平衡，也就是這種定律把勞動者釘住在資本上，比管火及冶鐵的神伏爾庚把盜火者普羅梅忒斯釘在岩石上還要牢固。與資本的蓄積相應，遂蓄積了窮苦。所以，一極端是蓄積財富，在相對的另一極端，即在資本的形式中生產自己的產物那一階級旁邊，同時蓄積了窮苦，勞作的苦痛，當奴隸，無知無識，粗蠻，精神墮落。」**

如希望資本主義的生產方式裏產物作任何別種分配，好像希望電組的兩極與電組接觸時，水不分解，正極不發生氧，負極不發生氫一樣的。

我們已經看出近代機器的完成性，已被推到極端，在社會上通過生產無政府狀態的媒介，變爲個別工業資本家的強迫辦法，是不斷的改良他的機器，不斷的增加它的生產力。擴張他的生產領域僅有

* 資本論第一册，開爾版第四四五面。

** 資本論第一册，開爾版，七〇九面。

的可能性祇有給他變爲相似的强迫辦法。大工業的巨大擴張力，氣體的漲力與它相比僅是兒戲，它現在出現在我們面前是質及量的必然擴張，對於一切反抗的壓力都不以爲意。這等反抗的壓力便是從消費，需要，大工業產物的市場來的。但是市場的量，綿亙與密度的擴張，是受十分不同的而且很少效果的諸定律所直接支配。市場的擴張跟不上生產的擴張。衝突遂在所不免，並且，如果資本主義的生產方式不崩潰，這也就一逕不能解決的，它遂週期性地出現。資本主義的生產方式引起了新的「罪惡的循環。」

在事實上，自從一八二五年爆發第一次普遍的危機以後，整個工業及商業界，一切文明民族的及他們的多少未開化的附庸民族之生產及交換，實際上每十年要紛亂一次。商業停頓下來，市場上塞滿東西，商品大量堆着，賣不出去，現金缺乏，信用消失，工廠停滯，工人羣衆因爲他們把食物生產得太多，食物反而缺乏，接連的破產，紛紛强制拍賣。停滯狀態延長幾年，生產力及產物都大量的浪費掉及毀掉，直到堆積的商品最後很不景氣的賣出去，直到生產及交換又漸漸的開始活動起來。進步漸次快起來，變爲跑步；工業的跑步變爲奔馳，奔馳又轉變爲全部工商業，信用及投機的狂奔，經過幾次最危險的跳躍之後，終於又陷入失敗的溝中。一回回的這樣繼續下去。自從一八二五年到最近，我們已遇到過五次，在一八七七年這時候，我們遇到第六次。等這危險的性質是如此明白清楚，傅立葉一語道破，他稱第一次的危險便叫做 crise plethorique（多血的危險）即過多的危險。

在這等危機裏，社會生產與資本主義佔有的矛盾起了一個猛烈的爆發。商品的流通這時候減退到無有；流通工具即貨幣成爲一種流通的障礙物；一切商品生產及商品流通的定律全都倒翻轉。經濟的衝突達於極點：生產方式反叛交換方式，生產力反叛生產方式，生產力已經超過了生產方式。

事實上，工廠裏生產的社會組織已經發展到這一點：與社會裏存在它的旁邊與居它的上方的生產無政府狀態不能相容——因在危機時候，通過許多大資本家，甚至更多的小資本家的破滅，資本驟然集中，資本家們自己也觸知了這一事實。生產的資本主義方式的全部機構，在它自己創造出來的生產力之壓迫下破壞。已不能把全部生產手段的這積量轉變爲資本；它們就棄置不用，並且正因爲這個緣故，工業後備軍也一定棄置不用。生產手段，生活資料，待僱勞動者，生產的及一般財富的一切元素都變爲過多。但是「過多成爲苦痛與貧乏的來源」（傅立葉語），因爲正因這過多妨害了把生產手段與生活資料變爲資本。因爲在資本主義社會裏，生產手段，如果不能變爲資本，變爲剝削人類勞動力的工具，就不能發生作用。生產手段與生活資料是必須取資本形式，像幽靈似的站在它們與工人們的中間的。它獨獨妨害着物質的與人生的生產槓桿之結合；它阻止了生產手段發生作用，工人們的工作及生活。因此，一方面資本主義的生產方式決定它的無能與不復能支配這等生產力。在別一方面，這等生產力增大力量擁向前方，以排除矛盾，去掉自身的資本性質，求認識它們的性質爲社會的生產力。

這就是生產力的壓力：在它們强大長發裏，反抗它們作爲資本的性質，增强對它們社會性質的認識，它强使資產階級，在資本主義關係的機構內，愈加把它們當作社會生產力。信用無限膨脹的工業景氣時期，及通過大資本主義企業崩潰的危機，這兩個時期，都把我們見於各種股分公司中的大量生產手段推向社會化的形式。這等生產手段與交通工具當中有許多，例如鐵路，開始就是這樣龐大，它們拒絕了別種資本主義剝削的形式。在發展的某一時期，便是這種形式也不足够，為資本主義社會的官方代表即國家被迫的取得了它們的管理。＊這種轉變為國家財產的必要，首先見於大規模的交通設備：如郵政，電報，及鐵路。

如果危機顯示資產階級已不能够再支配近代的生產力，那麼把巨大的生產及交通組織轉變成股分公司及國家財產，表示資產階級在目的上沒有用處。資本家的一切社會職能現在由薪給的僱員來做。

＊我說是被迫的。因為祇有生產手段或交通工具實際上超出股份公司的管理，所以在經濟的立場上說，它們的轉變為國有是不可免的——祇有這種情形，這種變為國有，甚至今日的國家作這種措置，也代表一種經濟的進步，向把一切生產力為社會所有，又得到了一個準備的進步。然而近來俾士麥採取國有以來，遂出現了一種偽造的社會主義——有幾處甚至進化為一種卑鄙主義——它說一切歸國有，甚便即使是俾士麥式的，本身也是社會主義的。然而，假使香烟貿易國有是社會主義的，那麼拿破崙及梅特涅可以列在社會主義創造者之林了。如果比利時國家，為了很普通的政治的與經濟的理由，建築了鐵路幹線；如果俾士麥，一點沒有經濟上的必需，拿了普魯士的主要鐵路，單單是為了便於組織及供戰時應用，把鐵路人員訓練成功政府的投票之牛馬，主要是不依靠議會的投票可得新的進款，——這些做法，無論直接或間接，自覺或不自覺，一點沒有社會主義的意思。否則，皇家海事公司，皇家磁器製造廠，甚至於軍隊中的裁縫團，也是社會主義制度了。——恩格爾斯註。

資本家除了收取進欵，剪下利息聯票，及往證券交易所中賭博，資本家們互相騙錢外，已經一點沒有社會活動。正如當初資本主義生產方式排斥工人一樣，現在排斥資本家了，正如從前對付工人一般，把他們貶入過賸的人羣裏，甚至還不是在工業的後備軍裏了。

但是轉變爲股分公司或國家財產，並不脫去生產力的資本性質。在股分公司這種情形就很明顯。並且近代國家也祇是資本社會用以支持資本主義生產方式的一般外在條件，防避被工人或被個別的資本家侵害的一種組織。近代國家，形式無論怎樣，本質上是資本家的機器；它是資本家們的國家，一切資本家的理想的集合體。它取得生產力愈多，它愈變爲一切資本家的實際集合體，遭到剝削的市民也更多。工人們依然是賺工錢者，是無產者。資本主義關係並不消滅，不過推到極端。但在這極端就變爲它的對立物。生產力的國有不是矛盾的解決法，不過它却含有形式的方法，解決的柄子。

這種解決法祇包含在近代生產力的社會本質之實踐的承認裏；所以，這就是生產，佔有，及交換的方式，必定須與生產手段的社會性相一致。祇有社會公開地，無偏差地，把一切已超出除社會自身的支配以外的生產力佔有下來，才能達到目的。所以，生產手段及產物的社會性質——它在今日之下，祇是成爲一種盲目的自然定律，猛烈地並破壞地，加强自己，起來反抗生產者自身，週期性地通過生產及交換方式加以破壞，——是爲生產者十分明白地主張的，而且這樣從紛亂與週期性的崩潰的原因裏把它改造成爲生產自身的最有力的槓桿。

作用於社會裏的諸力所起作用，實在與作用於自然中的諸力相像的：盲目，暴烈，有破壞性——

在我們不了解它們與不能處理它們時候就一直如此。但是一經我們認識它們，理解它們在如何工作，它們的方向及效果怎樣，把它們逐漸服從我們的意志與利用它們來達我們的目的時，就完全依靠我們自己了。這在現今的强大的生產力特別眞確。我們如一日頑固地拒絕去了解它們的本性與性質——資本主義的生產方式及反對作任何這等企圖的擁護者們——我們已經詳細說過，這等力量就一逕不顧着我們工作用着，反抗着我們，並且一逕支配着我們。如果一旦它們的本性被我們把握住了，它們就會在集體工作的生產者手中從惡魔似的主人變爲服從的僕役了。雷雨時候破壞性的電力，與電報與電燈裏馴順的電力就是這一種分別；火災與供人使用的火之間也大有分別。現今對於生產力的相似的管理，是以社會認識了它們眞實本性爲基礎的，就此開了一條路，由照全社會及各個人的需要，把生產作有社會計劃的調整，去代替社會生產的無政府狀態。於是，資本主義的佔有方式，這方式是產物開始奴役生產者，後來又奴役佔有者的，將被基於近代生產手段本性的產物佔有方式所代替：一方面是作爲支持及擴充生產之手段的直接社會佔有，別一方面，又爲謀生活及快樂之手段的直接個人佔有。

人口中人民愈加大批的成爲無產者，資本主義生產方式便產生一種力量，處自己毀滅的刑罰，逼而進行這種革命。愈加驅向把巨大社會化的生產手段轉變爲國家財產時，它就指出了完成這種革命的路。無產階級取得政權，並且把生產手段第一次改變爲國家財產。但在這種過程中，無產階級本身也告結束，結束了一切階級差別與階級對立，作爲國家的國家也告結束。從前，在階級對立中運動的社會是有國家的需要的，它是剝削階級的組織，各時代皆作外在的生產條件之支持；所以它是用以把被剝削階級强制在壓迫條件（奴隸制，農奴，奴役，僱用勞動制）之下的，這係由旣存的生產方式所決定。國家當作全體社會的官式代表，它體現在明顯的團體之中。但是祇有在它的時代，那一階級當作全社會的代表時候的國家才如此；在古時候，國家是爲奴隸主的市民所有的；在中世紀，是封建貴族的；在我們這個時代是資產階級的。最後，國家成爲當作全體社會的眞正代表時，它就成爲多餘了。一到社會裏已不復有任何階級受屈服；一到跟同階級統治，及從前生產無政府狀態而起的個人生存鬥爭，因這等原因而起的衝突與過分也已消滅，遂也沒有事情再需要鎮壓，也就無需特種鎮壓勢力的國家了。國家眞的進而爲全社會的代表之第一幕——即生產手段歸社會所有——同時也是作爲國家的最後的無所依屬的一幕。在社會關係裏，國家權力的干涉一步一步的成爲多餘，遂自行停歇了。對於人的治理，爲物事的管理及生產過程的指導所代出。國家不是「被廢除的」，而是凋萎掉了。從這一立場上，我們必須評價「自由人民的國家」這詞句——從用於鼓動的目的這時候還適當，與終究科學上的不充分這兩方面來評價——又須評價把所謂無政府主義者要求國家應該一夜天便廢除的話。

自從歷史上資本主義的生產方式出現以後，一切生產手段應歸社會所有，已經常常爲個人或整個學派所想到，多數模模胡胡地，而且作爲未來的理想。但是祇有使它實現的物質條件到來時，它才成爲可能，它才能成爲歷史的必然。它像各種別的社會之進步一樣，它的實現出來，不是由於覺得階級的存在與正義，平等，等等不相容，不是祇因爲要想消除這等階級，却是由於某些新的經濟條件。社會分爲一個是剝削的與一個是被剝削的階級，一個是統治的一個是被治的階級，是自來生產僅低級發展的必然結果。社會勞動所得產物的總量，如果一逕在供給全體人們僅僅保存生命的需要之外祇有少許多餘；所以，社會上分子的極大部分一切時間或差不多一切時間都一逕被吸收在勞動裏的時候，社會總是必定分成階級的。隨同這大部分人完全吸收在勞動裏一起，便發生不從事直接的生產勞動的階級，來管理社會的一般事務：勞動指導，國家事務，司法，科學，藝術，及其他。所以，分工的定律是橫亙在這分爲階級的根柢裏的。但這並不是說分爲階級不是成立於暴力及掠奪，欺詐及奸計，或者說統治階級一經掌權，不會犧牲勞工階級，並把社會管理轉變爲對羣衆的剝削以加强它的統治的。

依據這等道理，即使分成階級含有某種歷史的正當理由，它也祇在一定時代，一定社會條件之下有之。它根本出於生產不足；將被近代生產力的充分發展而掃除的。事實上，社會階級的消滅，先經過一個歷史發展的階段，在這時候，不祇是某一特別的或別種統治階級却是任何一切統治階級，那便是說階級區別的本身，已變成一種時代錯誤；已經過時。所以，它前定了：生產的發展到了一定水準，這時候，社會特殊階級將生產手段及產物佔有，並且與這些一起，將政治主權的佔有，教育及智識領導權的獨佔，不但變爲多餘，而且在經濟，政治，及智識上都成了發展的障礙了。

這一階段現在已經達到。他們的政治的及智識的破產，使資產階級自身不大能够再成爲秘奧的東西了，而且他們的經濟破產是正規地十年來一趟。每一趟危機裏，社會總是壓在自己的生產力及產物不能使用的重壓下面透不過氣來，並且遭遇到因爲沒有消費者，所以生產者得不到消費品的無理矛盾，沒有辦法解決。生產手段擴大的力量把資本主義生產方式給予的鎖鏈脹破了。它們從這等鎖鏈裏解放出來的是生產力不斷的，經久的，加速進步發展所必需的唯一條件，因此也是生產自身實際上無限長發的唯一條件。還不止如此而已。生產手段歸社會所有，不祗是把今日對於生產的人爲的妨礙告結束，而且把現在在生產中必然隨伴着的，危機中達最高度的產物及生產力的積極廢棄與破壞亦告結束。還有，把現在統治階級及其政治代表的無意義的奢侈及浪費結束，大量生產手段及產物遂解放出來供全社會之用。通過社會的生產，社會上各分子都得了這樣的可能性：不但生活物質方面充分富裕，一天天的增加豐富，還可保證他們體力及智力的自由發展與運用——這樣的可能性是這回第一次存在的，但它一定存在的。*

生產手段一被社會所掌握，商品生產及因此而來的產物對生產者的統治也告結束。社會生產的無政府狀態爲根據計劃自覺的組織所代替。個人的生存鬥爭也終結了。到了這一階段，就某種意義來

* 少數數字，可以提供一個，便在資本主義的重壓之下，近代生產工具有極大擴張能力的大概概念。根據紀芬（Giffen）的最近的統計，大不列顛及愛爾蘭的全部財富約如下面數字

一八一四年	二，二〇〇，〇〇〇，〇〇〇金鎊
一八六五	六，一〇〇，〇〇〇，〇〇〇
一八七五	八，五〇〇，〇〇〇，〇〇〇

因危機的結果，使生產工具及產物的廢棄之指標，根據第二次德國工業大會（一八七八年，二月二十一日，在柏林）提出的計算，僅僅德國鐵工業在過去一次危機的全部損失爲四萬五千五百萬馬克（二二，七五〇，〇〇〇金鎊）。——恩格爾斯註。

說，人類才終於從動物世界分離出來，把動物的生存條件遺棄在後邊，走進眞的人類的條件中。生存的條件形成人的環境，一直到現在爲止，它統治着人，到這時候，它在人的統制與支配之下了。現在的人才第一次成爲自然的眞正自覺的主人，因爲在這範圍內，已成爲自己的社會組織的主人了。人類自己的社會活動的諸定律，自來好像外在的，統治着的自然諸定律，對人是對立着的，於是因完全被了解而被人應用，因此遂被人類所統制。人們自己的社會組織，自來好像是自然與歷史頒發的專橫的命令，也與人們相對立的，至是成爲人們自己隨意的行動。自來統治歷史的客觀的外部勢力，於是將在人類統制之下進行了。祇有從這階段起，有充分自覺的人，才能製造自己的歷史；祇有從這階段開始，被人們推動的社會諸原因，不絕的强大起來，才能照人們的志願獲得成果。這是人從必然的境界跳到自由境界的飛躍。

完成這種世界解放事業是近代無產階級的歷史使命。認明歷史諸條件，並以之認明這一事業的性質，由是使現在被壓迫的階級把這等條件及命令要完成的這事業之本性成爲意識的，這是無產階級運動的理論表現，科學的社會主義之課業。

國家，家族，教育（宗教）

然而一切宗教無非那些外力在人們心中的幻想反映，這等外力本來是支配着他們的日常生活的，在反映中，地上的諸力量裝成超自然的諸力量之形式。在歷史初期，首先被這樣反映着的是自然諸力，到了更進化的途中，在不同的民族中演作各式各樣許多人格化的形式。比較神話學會追溯出這種最早的過程，至少在印度歐羅巴諸民族裏是如此的，在印度的吠陀經裏找出起源，並在印度人，波斯，希臘人，羅馬人，日耳曼人，並且，在材料可以得到的範圍內，又在稅爾特人，立陶宛人，及斯拉夫人中間詳細指出它的進化。但是以前不久，與自然一起，社會也開始發生作用：表現在人的前面的諸力，是同樣奇異，而且起先是同樣不可解的，也與自然諸力一樣分明必然的統治了他們。最初祇反映了自然的神秘力的幻想的人格化，在這階段裏獲得了社會的屬性，變爲歷史諸力的代表者。*到了更進化的時期，無數神的一切自然屬性及社會屬性轉變爲一個萬能的神，它本身也祇是抽象的人的反映，一神教就是這樣起源的。從歷史上說，是後期希臘的庸俗哲學的最後產物，在猶太人的全然爲國民的神，耶和華裏看到它的具體化。在這種便利中，即便用及適用的形式中，宗教能像人們與統治着他們的外來自然力及社會力關係間的直接情操形式繼續存在着——如果人們繼續在這等力量支配下的話。我們又重復看到，在現在的資產社會裏：人們是受自己創造出來的經濟條件，生產手段，像一種外來力量似的統制着，所以，宗教反映作用的實際基礎繼續存在着，宗教反映本身也同它一起存在

*比較神話學把後期作爲諸神的這種二重性忽略了；它一逕祇完全注意在它們的性質當作自然諸力的反映物，雖然這種二重性，正是使諸神話學發生後來陷入混亂的基本。例如在有些日耳曼種族裏，古代諾迪克的（Nordic）戰神替爾（Tyr）、在古代高日耳曼的蔡阿（Zio）與希臘的宰依斯（Zeus）相當，拉丁以朱匹推（Jupiter）代丟匹推（Diu-piter）；在別的日耳曼族，愛耳（Er），愛阿耳（Eor）相當於希臘的愛來斯（Ares），拉丁的瑪爾斯（Mars）。

的。雖然資產階級的政治經濟，對這種外來力量統治的根本，已經有些看明白，可是本質上並不發生甚麼分別。資產階級的經濟學既不能防止一般危機，亦不能保障個別的資本家的損失，惡性負債與破產，也不能使各個工人不致失業與窮苦。謀事在人，成事在神（即資本主義生產方式的外來力量），至今這種情形還是確實的，單靠知識，便是比資產階級的經濟科學研究得更遠更深，是不够把社會諸力安放在社會統制下面的，這件事情唯一需要的是社會行動。到了這種行動已經完成，這時候，社會因取得了一切生產手段，並有計劃地使用它們，自己與一切分子們乃從束縛中解放出來，現在大家被這等生產手段束縛着，這些本是他們自己所生產的，現在却像不可抗的外來力似的與他們對立着；到了人不再是祇出謀劃，並由自己來决定的時候，——祇有在那時候，現在還在從宗教裏反映出來的最後外來力量才能消滅；並且宗教的反映作用也一起消滅，理由是簡單的，那時候因爲沒有東西留下來供反映了。………

恩格爾斯

家族私有財產及國家的起源

〔一八七七年，麥美倫公司刊印了馬更（Lewis H. Morgan）的古代社會（Ancient Society），它的小標題是：「人類從野蠻，經過未開化到文明的進步途徑之研究」。這本書大爲馬克思與恩格爾斯所稱讚，恩格爾斯並且在自己的著作的序文上說，馬克思曾經有意把這題目寫一本書的，檢討一下馬更搜集的材料，關於古代社會方面是證實了唯物史觀的。到了一八八三年，馬克思死後，恩格爾斯參考了馬克思的短記，寫成家族的起源。本書把家族作爲一種社會制度，從它與流行的生產方式的關係裏，追踪出它的發展；家族的發生變化，係因生產形式的變化而起，生產形式又帶起作爲一種制度的私有財產；社會的分成階級；及國家的產生。在本書的程途中，恩格爾斯總結了馬更的材料，講明血統家族的各階段（兄弟與姊妹，自己的或旁系的血族結婚）；羣婚家族（數個姊妹與彼此的夫羣婚，不一定是親族；或數兄弟與彼此的妻羣婚，也不一定是親族）；對偶家族（一對的婚姻，沒有獨佔的妍識，並有期限的）；家長制（一個男人與數妻子的婚姻）；最後爲一夫一妻制。最早的社會組織的基礎是氏族，即有血統關係的一羣人，這一切人最初是從母系來的，後來從父系來。較大的羣體叫做部落，係聯合幾個氏族而成，〔還可以組成中間的羣體，即羣族（phratry）〕；數個部落形成一個聯盟，最後成爲民族或國族。恩格爾斯說明了這等羣體的聯系及與生產相變化的情形；現在把關於家族及國家的結論印在下面。〕

第二章

……因此婚姻的主要形式有三種，它大體上與人類發展上的三個主要階段相應。在野蠻時代爲羣婚制；未開化時代爲對偶婚；文明社會裏是一夫一妻制，並補充了通姦與賣淫。在對偶婚與一夫一妻制中間夾着，又在未開化的最高階段，男子有蓄女奴隸的權利，并行着多妻制。

照我們整個的說明裏所表示出來：在這一連串裏表現出來的進步，有一種特性關連着，便是在婦女方面，羣婚制裏性的自由逐步被剝奪，在男子方面則不然。事實上，男人方面到現在實際上還在繼續行羣婚制。對於女人是一種犯罪，引起嚴重的法律从社會懲罰的事情，在男人却被看作榮譽，或者最壞也不過微微一點道德上的瑕疵，很容易被寬恕的。但是古代的雜婚制愈受現代的資本主義商品生產的改變而適應於這制度也愈加成爲公開的賣淫，結果，道德也愈加墮落了。事實上，男人比女人道德墮落的多。在女人方面，賣淫的墮落祇是把不幸者們的命運失墜，便是這些人也還沒有如普通所信的程度。在別一方面，賣淫制把全世界的男人品格都墮落。這種長期的苟且關係，十分之九的情形，實在是造成丈夫不忠實的預備學校。

我們現在接近了社會革命，從前一夫一妻制的經濟條件，像它的補充物，賣淫，一樣，都要在這革命裏消滅。一夫一妻制是從大財富集中於一人的手中，——男人的手中——及從這等財富傳給那男人的子女，不傳給任何別人的子女，而起來的。爲了這一目的，女人必須一夫一妻制，男人則不必，所以，這種女人的一夫一妻制不能阻住男人方面公開的或秘密的多妻制。但是將到來的社會革命，經過至少無限巨大部分的恒久的遺產——生產工具——變爲社會財產，遺產的全部心事將要減到極小限度。那麼，如果一夫一妻制是從經濟原因起來的，這等原因消滅了，它也會消滅嗎？可以這樣回答，而且公平的：遠不會消滅，以後反而要開始充分實現了。因爲生產工具變爲社會財產，僱傭勞動，即無產階級，也自消滅，因此某一數目——統計上可計算的——的女人也沒有爲了錢而失身的必要了。賣淫消滅了，一夫一妻制不但不崩潰，最後，甚至在男人方面也要實現。

因此男人的地位各方面都大起改變。但女人的，一切女人的地位也起了有意義的變化。跟着生產手段的變爲公有，個別的家族也不復爲社會的經濟單位。私有的家庭管理改變爲社會工業。兒童的管理與教育成爲社會事業；社會把一切兒童，無論合法與不合法的都同等看待。這樣一來，「結果」的恐懼就沒有了，它在現在是威嚇阻止女子願意地委身於一個心愛的男子的最根本的社會的——道德的同時又是經濟的——因素。但這樣不會漸漸造成一個放縱的性交的原因，并因此對於處女的尊崇與女人的羞恥心造成寬容的輿論嗎？最後，我們不是已經看出，在近代的社會上，一夫一妻制與賣淫（它的確實對立物，而且是不可分離的對立物）是社會諸條件的兩極端嗎？能够賣淫消滅而不把一夫一妻制拖下到深淵裏去嗎？

現在有一個新因素開始發生作用，這因素，在一夫一妻發達起來的時候還祇成一個胚芽存在着；這便是個人的愛性。

在中世紀以前是無所謂個人的性愛的。在異性之間，以美貌，往往因親密，趣味相投，這等情形，喚起性交的慾望；無論男人與女人與誰進入這種最親密的關係之中幷不是絕對無關重要的事——這原是無須說明的。但那種情形與現代的性愛之間還有無限的距離。整個古代社會，婚姻由父母替當事人安排，當事人安然服從。古代社會裏僅僅知道的一點夫婦之愛，也不是由於任何主觀的意向，祇是一種客觀的義務，不是婚姻的基本，而是婚姻的附屬物。在古代社會裏，要是有近代意義的戀愛關係，祇有在官方社會以外才能看見。提奥克拉塔（Theocritus）* 及摩斯卡斯(Moschus)歌咏的愛情中悲歡的牧人們，郎古斯（Longos）** 描寫的台芬尼斯與克羅依，都是不參予國事，不參加自由市民的生活圈的單純的奴隸。在奴隸之外，我們所看到的戀愛事件，祇在古社會下傾時崩潰的產物，與生活於官方社會以外的女人，與希臘的藝妓，便是與「未開化人」，即已解放的奴隸的事情：在雅典是從破滅的前夜開頭，在羅馬，是在凱撒的時候。如果自由的男女公民之間眞發生戀愛事件，則維有在通姦之中見之。對於古代古典的戀愛詩人，老安那克來翁（Anakreon），我們的意義中的性愛，是極少關心的，甚至於被愛者是男是女，在他看來是一件絕對無差別的事情。

* 古希臘的畜牧者詩人。——中譯者註。

** 四世紀希臘牧人小說家，寫有台芬尼斯（Daphnis）與克羅依（Chloe）的戀愛故事。——中譯者註。

— 88 —

我們的性愛，本質上與古代單純的性慾，即伊羅斯（Eros）不同的。第一點，近代的戀愛必須愛人互愛的；女人與男人站在同等立場的程度，至於古代的伊羅斯，女人方面是經常不必問起的。第二點，我們時代的性愛已經達到這樣熱烈與持久的程度，使愛人雙方覺得不成功與分離，即使不是最大的不幸，也是極大的不幸。因此，他們甘願冒了高度的危險，以求雙方的得到，甚至於危及生命亦所不惜——這種情形，在古代是祇有在通姦裏才見到的。最後，判斷性交的是非已起來了新的道德標準；我們不必問是有婚姻的約束或者沒有，祇要問是否發生於愛情與互愛不是。那當然，在封建的或在資產續級的實踐裏，這種新標準比任何別的道德標準都沒有成就，——它單純地被忽視。不過它也不見得更失敗。在理論上，在文字上，也與其他諸標準一樣被承認的。現在所要求的也不過如是。

古代在性愛的進步上所終止的地方，中世紀在通姦裏接起來。我們已經說過，有騎士式的戀愛，發爲詩歌。從這種熱烈破壞婚姻約束的戀愛，到成爲婚姻基礎的戀愛，還有一條長途，這條路，騎士們從沒有完全跨過。我們便是經過了輕薄的拉丁民族到莊重的日耳曼人，在中古時代，尼柏龍根史詩（Nibelungenlied）*中看到，雖然在克里姆喜忒(Kriemhild)的心裏，西格弗里忒(Siegfried)亚不比他的愛她爲少，然則郡退爾（Gunther）告訴她，說他已把她許予一個武士，他的名字他沒有

* 卽「斬龍遇仙記」，共分二部，前部敘英雄西格弗里特與王郡退爾之妹克里姆喜忒結婚，及西爲海根所殺。下部敘寡婦克下嫁洪尼盧王愛者爾（Ezel）以圖報仇。結果郡退爾，海根，克里姆喜特均被殺。——中譯者註。

說出來，她就簡單地的回答說：「你是無需問我的；你怎樣吩咐，我就怎樣照做；你，王吓，叫哪個男人與我結婚，我一定樂意嫁給那人的。」她的頭腦裏一點也不想到對於這件事情須考慮到愛情的。古德龍（Gutrun）＊裏，郡退爾向布倫喜忑（Bruinhild），厄彩爾（Etzel）向克里姆喜忑，求婚，他們就從不會見過面；愛爾蘭的息奇班（Sigebant）向瑙威的烏推（Ute）求婚，赫奇林根的赫德爾（Hetel）向愛爾蘭的喜爾德（Hilde）求婚，都是這樣的情形；最後，在摩爾蘭的西格弗里，與爾尼安的赫德穆（Harmut）及齊蘭的赫味喜（Herwig）對古特龍求婚，在這一例子裏才第一次遇到，古特龍在這三人之中自願地揀了最後的一個。照例少年太子的新娘，如他的父母還活着，須由父母選定，如已亡故，由太子商同大封建貴族自行進行，但貴族們的意見認爲極重要的。而且不可能有別的辦法。爵士或男爵，像一地方的王一樣，婚姻也是件政治事件，常因新的聯姻能够擴張權力；家的利益必須確定下來，不管個人的愛好的。在這種情形之下，愛情怎能達到決定婚姻的地位呢？

中世紀城鎮上行會分子裏也是如此。保護他的諸特權，行會規約的諸條款，人爲的劃界，在法律上把他從別的行會，及從自己的行會及從自己的職工們及學徒們分開，把他選擇一個適當的配偶的圈子弄得很狹小。而且在這種複雜的統系裏，決定在那個圈子裏誰爲最適當的配偶，當然不是他個人的

＊爲德國極有名的敘事詩，大約寫於一二一〇年，稱爲古德龍。古德龍卽詩中女主角。她許嫁與赫味喜，但爲赫德穆搶去，拒不肯結婚，被貶操賤役。十三年後，赫德穆被她的兄弟與愛人赫喜味等戰敗，她遂與赫味喜結婚。——中譯者註。

想念，却是家族的利益。

所以，在極大多數的例子，直到中世紀末，婚姻還是像起初的時候一樣，不是由當事人決定的事情。在最早的階段，男人與女人一經生下來便已結婚的——全羣裏的異性皆成婚姻。後來的羣婚形式大概以相似的關係存在着，不過那羣繼續縮小。在對偶婚姻裏，習慣上母親給小孩們安排婚姻；在這裏也以結了新親，能給少年夫婦在氏族及部落裏增強地位爲決定性的考慮。到了私有財產權超過公有財產權，遺產被注重起來，父系制度與一夫一妻制佔了支配的地位，婚姻遂完全要作經濟上的考慮了。買賣婚姻的形式是消滅了，但在實際上反變爲愈加貫徹，因此不單在對於女人，便是對於男人也需要估價，——不以個人的品格來作，而以他的財產爲基礎。至於婚姻的締結，兩造應當以互相的意向爲基礎，重於一切其他的條件，這種概念，在統治階級的實踐裏開始就完全沒有聽到過。關於這樣的事情，祗見於小說中，或者，在被壓迫的階段中，因爲他們是不計算遺產這些的。

情形就是這樣子，資本主義生產既已存在，繼續地理上的發見時期之後，通過商業及工廠製造，遂有征服世界的形勢。曾經認爲這種婚姻方式是非常適合的；而且也眞很適合。然而，——歷史的諷刺却知道不盡——正是這個資本主義生產，預定了給這種婚姻方式有一個決定性的破綻。把一切東西都變成商品，將一切繼承的，因襲的關係都破壞掉，拿起買與賣，及「自由」契約，去代替久被推崇的習俗及歷史的權利。[註] 英國的法學家梅恩（H.S. Maine）想：他已經得了一種巨大的發見，當他說到：我們的全部進步，與以前的時代相比，全在於這一事實，即我們從身分走到契約，從繼承及因襲的條件進到由自願的契約——這一說明在正確的範圍內，事實上，已經包含在共產主義宣言裏面了。

但是要使行契約，必須人民能夠自由支配他自己的身體，行動，及所有物，并且必須彼此以平權相待。的確的，創造出「自由」與「平等」的人民是資本主義社會的主要職能的一個。雖然起初呈現出來祇是半意識狀態的，而且還假裝成宗教的模樣，在路德與凱爾文改造時代，便成立了一條原則，人祇有在完全意志自由所作的行爲，對於他自己的行動才能充分負責任，而且對於一種不道德行爲反抗一切壓力是道德的責任。但是這種情形，與先前的婚姻排安法這實踐如何去適應呢？照資產階級概念來說，婚姻是一種契約，法律上的事件，因爲它是二人的身心作終身的安排，故爲一切契約中之最重要者。這是眞的，從那時候起，從形式的觀點上說，婚姻成爲自願的了；如果沒有二個當事人的同意，婚事就不能完成。這種同意如何獲得，又婚姻的實際結約的當事人是誰，各人都知道的祇有太清楚。如果一切其他的契約須有實際決定之自由權，那麼這一件事爲甚麼會不是？莫非婚姻中相結合的二個青年人無權自由地處理自己及他們的身體及器官的嗎？如通過騎士們不造成性愛，又與游俠時代的通姦相異的，不是正式資產階級形式的個人自己倆的戀愛嗎？如果既婚者有互相愛好的義務，愛人互相結婚，不與別人結婚，不同樣是愛人的義務嗎？愛人的權利不是超過父母，親族，及別種因襲婚姻中的媒人及行媒的權利的嗎？如果自由個人檢討的權利通行無阻的進入教堂與宗教，它怎麼能夠安於長輩要支配少年人的身體，靈魂，財產，及禍福的不堪的要求呢？

到了一個時代，一切舊社會的束縛已經鬆解，一切傳統概念已經動搖時，便都提出來了。世界頓時變爲差不多十倍大；現在放在西歐人眼前的全球，已不是半球的四分之一，他們趕緊要取得其餘的八分之七了。又跟他們本地的古舊之狹隘障礙物一起，中世紀因襲思想的千年老障礙也被打破，遂有無限廣大的曠野展開在人的視界之內外。對於已被印度的富有，墨西哥波多西的金礦與銀礦所誘惑的青年們，幾世傳下來的，可尊的或有榮譽的行爲特權所提供的前途還算甚麼呢？這是資產階級的游俠時代；也有它的羅曼史與戀愛熱，不過是資產階級立場的，分析到最後，有資產階級的目的。

因此發生這種情形，新興的資產階級，特別在新教的國家裏，那裏既存制度最動搖得厲害，在婚姻裏也愈加承認了契約的自由，遂像上述的途徑發展起來。婚姻依舊是階級的婚姻，不過讓當事人在階級內有某程度的選擇的自由了。在文字上，倫理學說上及詩的描寫上，沒有東西再比說不以互相戀愛爲基礎，且夫妻間實行自由結約的婚姻爲不道德更堅定。綜括一句，戀愛婚姻被宣布爲一種人權，而且的確不祇是男人的權利，而且甚至於例外地作爲女人的權利了。

然而這種人權與一切別種所謂人權有一點不同。其他的人權，在實踐上，仍然以統治階級，資產階級爲限的，又於被壓迫階級，無產階級，是直接或間接被剝奪的，在婚姻裏，歷史的諷刺又達到最有名聲。統治階級依然被熟知的經濟影響所支配，祇有在例外的情形裏才會有實際自由契約的婚姻，然而在被壓迫階級裏，如我們所看到那樣，這等情形倒是通例。

所以，祇有到資本主義生產廢止，及由這產生的財產關係，與一切經濟考慮去掉後，這等至今在選擇配偶上還有如此强大的影響的，婚姻才能得到充分的自由。到那時候才於互相愛好之外沒有別的

動機留剩下來了。

又因爲性愛的本性上是排他的——雖然這種排他性祇現在在女人裏充分有效——所以以性愛爲基礎的婚姻本性上是個人的婚姻。我們看到巴可芬（Bachofen）認爲從羣婚到個人婚姻的進步，根本上是由於女人的作爲，是何等確切。祇是再進步上去，從對偶婚到一夫一妻制却由於男子的力量；從歷史上看，這一種的本質，女人的地位反變壞，且使男人更容易不忠實。女人的忍受她們的丈夫這種習慣的不忠實，是內心顧慮自己的生活資料，尤其是她們的小孩將來的生活資料，如果這種經濟顧慮消滅了，從一切過去的經驗判斷起來，這一結果，女人將能得到一種無限强的傾向，使男人實現一夫一妻，而不是女人多夫。

但是從財產關係而來，加於一夫一妻制的一切特性，哪些東西將積極地消滅呢？要消滅的，第一是男人的支配權，第二是婚姻的不解散性。婚姻中男人的支配權是他的經濟支配權的結果，後者一經消滅，也就一同消滅。婚姻的不解散性，一部分由於經濟地位（一夫一妻制即從這裏起來的），一部分由經濟地位與一夫一妻制中間的關聯還未十分明白，并被宗教把一夫一妻制推到極端，這時期的因襲而來的。今天這種性質許許多要點已經被破壞，如果婚姻祇有基於戀愛才是道德的，那麽婚姻當然祇有在戀愛繼續時才能存在。但是個人被性愛纏繞的久暫，特別在男人方面，個人間是十分不同的，如果愛情的確已經完了，或者被新的熱烈的戀愛所代替，就此離婚，對於兩造以及對於社會都是有利益的。唯一的事情是離婚事件中不必要的麻煩可以省掉了。

資本主義生產消滅後，性的關係將要怎麼樣，我們現在所推論到的主要都是消極的，多般以將要消滅的特性爲限度。但有那些新特性要新生起來呢？這一疑問將由生長起來的新世代來回答；這世代的男人們已沒有用金錢或其他任何社會的權力工具買得女人投降的機會；這時代的女人們，對於願意的男人，除了眞的愛情以外，已無需任何別種的考慮，也不須怕經濟上的結果拒絕與所愛的男子結合了。這樣的人民旣經存在，今日的人民應該怎樣做的思想，他們可以一點也不關心；他們自會決定他們自己的實踐，與產生他們自己的輿論，由這種實踐校準過的，用以批評各人的實踐，——而且事情也祇是這樣罷了。

讓我們回到馬更所講的，我們離開他的題目已經相當遙遠。文明時代社會制度發展的史的考察不屬那書的範圍，所以他祇極簡單地講了一點在這時代中一夫一妻制的命運，他又看到，一夫一妻的家族再前進一步時，接近了男女完全平等，雖然他並不認爲這種目的已經達到。他又說道：

「家族已經經過了四個連續的形式，現在是在第五種形式中，這事實一經承認，疑問便立刻起來了；這種形式將來是否永久的呢？僅可以這樣回答，即社會前進，它也必前進，社會變更，它也必變更，甚至像過去那樣。它是社會統系的產物，當然反映着它的文化的。像那一夫一妻的家族，文化開始便大大改良，在近代很顯著的，所以至少可以推想：它還會再改良上去，直到兩性獲得平等。在遙遠的將來，如果一夫一妻的家族不能適應社會的需要時，設想文明是在繼續進步的，它的後繼者的性質不能預料了。」

半開化與文明（第九章）

我們已從希臘人，羅馬人，及日耳曼人中查出氏族社會解體的三種主要的不同形式。在結論裏，我們檢討了社會的氏族組織被後期未開化所摧毀的，及隨文明進步而完全消滅的一般經濟條件。講到文明社會，對於馬克思的資本論像馬更的書同樣必要了。

氏族，在野蠻的中期出現，後期愈加發展，照我們的資料來判斷，到未開化下期達到最繁榮的時代。我們所以從這一發展時期講起。

在這一時期，我們拿美洲的紅人爲例，氏族社會已充分發展。一個部落分爲數個，照通例是二個，分開的氏族；人口增多時，這等原來的氏族又析分爲幾個小氏族，與他們相關的母氏族現在成爲羣族。部落能析分爲數個部落，每個部落，據我們所知，照例是老的氏族；至少在有些情形裏，有關的部落由聯盟來聯繫。這種簡單的組織對於那些社會條件是充分足够了的，——它就是從那些社會條件產生的。它無非是對於這等社會條件的自然集合；它能調整一切在這樣組成的社會裏所起的衝突。戰爭是外部調整方法；戰爭可因一個部落全部滅亡告結束，但從不能以征服告結束。氏族社會沒有地位容納統治與屈服，這是它的偉大同時又是有限制的特性。氏族社會裏面還不分權利與責任；參加公共事業，爲族人被殺者報仇，或別種報償行爲，是權利還是義務的問題，在印第安人里是不存在的；照他看來，差不多像問吃，睡，打獵，是權利還是義務同樣的無意義。部落及氏族裏亦同樣少有階級的分別。這遂引起我們來研究這種情形的經濟基礎。

人口是極疏朗的：祇有在部落居住的地方稠密。部落週圍很闊的一帶是打獵之地，外方爲中立性的保護林，把這部落與別的部落隔開。分工純粹出於自然；祇兩性之間有分工。男人負担戰爭，打獵及捕魚，張羅生的含料，及做爲了這些需用的器具。女人管家，預備食物及衣服，煮食物，織布及縫衣。各自在適當的範圍內都是主人；男人管林內，女人管家庭。各有自已做，自已用的器具：男人有戰具及打獵與捕魚用的器具，女人有家用的東西。管理家務是數個家族常常許多家族共一家*的。一切共同製造，共同使用的東西都是共有的財產：如房屋，園地，長船。所以法律家們及經濟學家們虛僞地把它歸於文明社會的說法，說這裏也祇有在這裏還存在着「自已創業的財產」——近代資本主義的財產至今還安放在這種最後的虛僞的法律詭計之上面。

但是人們不是各處都停滯在這一階段上面的。在亞洲，他們發見了可以馴養與馴養後會生育的動物。把野水牛的母牛打來；馴養的一年能產一隻小牛，還可擠牛奶。若干最進步的部落，——亞利安族，塞姆族，大概還包含杜蘭族，——他們的主要業務起初是養動物，後來才養殖黃牛。這種最初的偉大社會分工游牧部落遂從一般的未開化大衆分離出來。游牧民族不但生產多，與別的未開化部落比較，生存的方法亦不同了。他們不但比別的未開化部落，牛奶，牛奶製品，及肉更豐富了，皮，毛，

* 特別在美洲的西北岸，——見班克洛夫忒(Bancroft 的著作。查洛特皇后島(Queen Charlotte Is.)上的海達族人（Haidahs），一間屋內聚集七〇〇人同住。在諾特凱族（Nootkas）里，所有的各部落都住一間屋內。

山羊毛，及紡與織的材料，因原料的量多而增多。這樣，才開始可能作正規地交換。在較早的時期，祇有時候能够交換：造武器與器具的特殊才能，可以引起分工。在許多地方已經發見新石器時代製造石器的無可置辯的工作場所的遺迹；熟練的技工，大概爲公社工作而精練了，他們的技巧，像印第安人的氏族公社的永久的手藝工人至今在做一樣。這一階段上，除在部落內部以外，不能有別的交換，幷且在部落內也還是例外的偶然。但是，與這相反，游牧部落分出後，不同的部落間之交換條件已經成熟，因此發展而成立了正規的制度。

起初部落與部落交換，須經過各氏族的首領；但到了牧羣成爲個人所有物時，個人間的交換漸漸佔優勢，終於成爲唯一的形式。游牧部落給鄰人交換的主要物件是牲口；牲口成爲估計一切其他商品價值的商品，因爲牲口是各處願意接受交換的商品——一句話說，把牲口有錢的作用的，在這階段上，牲口實在已作錢用了。這就是商品交換的最早的開頭，就需要當作錢用的商品的必然性與發展起來的情形。

園藝在低級的未開化亞細亞人大概還不知道，至少在未開化中期的最末了時候才出現的，它是農藝的先驅。杜蘭高原的氣候，有長久而嚴峻的冬天不供給牧草，游牧生活便不可能，所以栽培茅草與穀物成爲必要的條件。黑海以北的草原也是這樣的。但是一經把穀物收獲起來飼牲口，立即也用作人的糧食。耕地還是作爲部落的財產；最初是歸氏族管理的，後來交給家庭，最後歸個人的用度：他們對於這土地的所有上有某些權利，但沒有更多的權利。

這時期工業上的成就有二點特別重要。第一是織機，第二是金屬礦的熔鍊與金屬的製造。銅與錫，及二者的合金，青銅，最爲重要；青銅能製有用的器具與武器，但不能代替石器；祇有鐵可以代替它，但人們還不知道怎樣可以得到鐵。金與銀已開始用作裝飾品，必定價值比銅與青銅高。

畜牧，農業，家庭手藝等各部門生產增加，使人的勞動力這種能量，生產下來的生產物比維持生活所需要的更多了。同時，對於氏族，家庭公社或個別家族各分子所負担的每日勞動量亦增加。加添新勞動力成爲合於願望的。新勞動力由戰爭來供給：即把戰俘來做奴隸。

在一般的歷史條件下面，第一步的巨大的社會分工遂起來，跟勞動的生產性增加，因此財富增加，幷生產範圍擴大，必然會採用到奴隸制度的。從第一步的巨大的社會分工遂發生第一步的社會分裂，分爲主與奴，剝削者與被剝削者。

到現在爲止，我們還不知道獸羣怎樣與在甚麼時候從部落或氏族的公有渡到爲家長個人的財產。不過，它必定主要在這一時期發生改變的。因了獸羣及其他財富的新形式，使家族發生革命。張羅生存資料經常是男人的事務，取得資料的器具也由他製造，是他的財產。獸羣是生存的新資料；最初把它們馴養及以後的管理都是男人的工作。所以，牲口是屬於他的，用牲口交換來的商品及奴隸也是屬於他的。現在，生活資料所獲的剩餘物都落在男人的手中；女人也能享用這種剩餘物，但她在所有權上並不有份。「野蠻的」戰士及獵人在家庭裏是安心居于第二位，即在女人之下的；「較溫和的」牧人，以財產自豪，遂把自己推上第一位，女人退到第二位去了。而且她不能夠訴苦。家族裏勞動的分工規定了男人與女人間財產的分割；它依然是這樣子，不過現在把從前的家庭關係倒轉來，祇因爲家族以外的分工已經不同了。從前使婦女確定在家庭中能得到支配權的原因，——她限於做家庭工作——現在男人以同樣原因在家庭中也保證得了支配權：女人的家庭工作，與男人張羅生存資料相比，是較小的；張羅生存資料是最重要的事情，女人的工作成爲無意義的補助。從這裏已可明白，女人的解放，謀她的地位與男人平等，女人如果被排斥在社會生產事業之外，限於做私自的家庭工作，是一逕不可能的。要使婦女解放成爲可能，第一須能够大範圍的，社會規模的，參加生產，把需要她注意的家庭工作減到無意義的限度。近代的大工業第一次使它可能，大工業不特使女人的勞動及於廣大範圍，而且絕對需要它，又把私自的家庭工作逐步改變爲公共事業了。

跟着男人在家庭裏有了實際上的支配權，對於他的專制獨裁的最後障礙也倒掉了。因母權制度被推倒，立起父權制度，從對偶婚轉變爲一夫一妻制，這種獨裁遂確定而且長久。但是這情形對於社會的古氏族組織引起一個破綻：個別的家族對着氏族成爲力量，而且可怕地崛起。

更進一步，我們就到了未開化的最高階段，一切文化氏族都在這時代裏經過他們的英雄時代：便是鐵劍的，但同時又是鐵犁與鐵斧的時代。人已能利用鐵——它是在歷史中起革命作用之一切原料中最後與最重要者，最後是指到利用馬鈴薯。鐵把農業的面積擴大，把森林的擴伸部分肅清，它供給手藝一種堅硬與鋒利的工具，沒有石頭與任何別種既知金屬能與它對比。但是一切這種情形是逐漸進步的；最初的鐵或者比青銅還要軟些。所以石器的武器廢除很慢的；不但在喜爾特布蘭的歌（Song of Hildebrand）裏，便是一〇六六年海斯丁士（Hastings）戰爭上還用石斧。但是進步是在不可抗的進行，受阻止少，進步得快。用石牆，城樓，城垛，包圍了石頭或磚頭的房子的城鎮，遂成爲部落或部落聯盟的中心地方，——建築法大踏步前進，亦表示情形愈加危險，需要保護了。財富很快的增加，但作爲個人的財富；織造，金屬製造，及別種手藝發達起來，彼此愈加分開，增加變化及生產中的技巧；穀物之外，增加了豆莢及果實，現在農業中又有油與酒，這是人已經學習製造的。這樣多方的活動，個人不復能够担負了。第二步的分工遂起來：手藝從農業裏分出。生產繼續昇高，因之勞動的生產性也昇高，人的勞動力的價值也昇高了。奴隸制，前些時期還是近於存在，而且散開的，現在已成爲社會制度的本質部分；奴隸不祇是補助者，整幾十的被驅入田中及工場上去做工。隨同生產分開爲農業及手藝二大部門，遂產生直接供給交換的生產，這便是商品生產；在這時候，貿易不祇存留在部落之內，亦在部落的邊界上，又亦已運送海外了。但一切還祇是極幼稚的形式；貴金屬開始成爲優越的與一般錢幣的商品，但還是以不加鑄造的形式，單純照原來的重量來交換。

貧富的分別已現，隨同有了自由人與奴隸的分別——勞動有了新的區分，社會新分成不同的階級。個別家族的首長間的財產的差異，把舊的公社家庭的管理破壞，本來繼續存在着的，因此，爲了家庭公社的關係，土地聯合耕種。耕地遂轉變到個別的家族裏，供給他們去用，當初還是有期限的，後來變爲永久了；完全變爲充分的私有，是逐步與從對偶婚姻轉變爲一夫一妻相並行的。於是個別家族開始成爲社會的經濟單位。

人口的密度增加起來，部落內部及外部必然也團結起來，各地有關係的部落必須結成同盟，不久甚至相合併，結果分開的部落地域合併成集合的民族地域。這民族大隊的首領——來克司，巴失留，鐵烏旦*——變爲必須的，永久的官員。沒有存在過民族會議的地方產生了民族會議。大隊的首領，會議及民族會議，使構成氏族的機關，發展成爲軍事民主國。軍事，因爲戰爭與戰爭組織現在已成爲人民生活的正規職務。鄰族的財富刺激民族的貪慾，他們對於獲得財富已經宛然是生活的第一目的之一了。他們是未開化人：把搶掠看作比由勞動獲得容易并且甚至於更榮譽。戰爭，先前祇爲了報復襲擊，或者爲了自己土地已不够而擴大地區而用之的，後來變爲純粹爲了搶掠的行動，而且成爲工業的一個永久部門了。巍巍的牆垣築得甚高，包圍了新做防禦工程的諸城鎮，並不是無故的：在它們下面的溝張口吞了氏族社會的坟墓，它們的尖閣樓已經衝進了文明。在民族裏面也進行着同樣的過程。搶掠的戰爭能增高最高的軍事領袖的權力，亦增高附屬頭目的權力；同一家族裏選擇繼承人的習慣，特別在立下父權制度之後，漸漸的變化爲開始是容忍的，隨後是要求的，最後是篡奪的承襲；世襲的王及世襲的貴族的基礎已經安放好。照這樣子，氏族社會的機關已漸漸的從在人民裏，氏族裏，羣族裏，部落裏的根柢裏撕去；社會的整個氏族組織變爲相反的東西：從他們的事務作爲自由安排的部落組織，變爲一個搶掠與壓迫鄰族的組織了，并且它的各機關也從照人民意志的制度跟着改變對於人民的關係上成爲支配與壓迫的獨立機關。但是這種情形，本來大概不可能發生的，要不是因貪財富把氏

* 來克司（rex），巴失留（basileus），鐵烏旦（thiudan），義皆爲王或君——中譯者註。

族的分爲富的與窮的；要不是「同是這民族內的財產差異，把利益的一致性變爲氏族分子們的對立物」（引馬克思語）；要不是奴隸制已經擴大，以致把用勞動取得生活資料被看作祇是適合於奴隸做的活動，比搶掠來還要不榮譽的話。

到了這階段，我們已到了文明的門口。這時期分工作了一個新的進步。在低級的時候，人們祇爲了他們即時的需要而生產；交換行爲雖然也許已經發生，但是孤立的，祇在偶然遇到有剩餘的東西時候。未開化中期，在游牧民族中間，我們已看到以牲口爲財產，獸羣增大到一定程度時，供他們自己的需要以外，就正規地有剩餘物；這時候，游牧民族與沒有獸羣的落後民族之間有分工。這便是說，彼此之間有二種不同的生產階段，所以具有正規交換的條件。未開化後期，農業與手藝間有更大的分工，同時有了勞動產物的一逕增長部門的生產以直接供給交換；並且發生個人生產者間的交換成爲社會生活的必需。文明把一切這等既存的分工，特別經過城鎮與鄉村對立尖銳化，加强而且增大。（在這種過程裏，從經濟的立場上說，城鎮可能支配鄉村，或者鄉村亦可支配城鎮，如中世紀那樣。）並且對於既存的分工增加了第三種分工，是特別的，而且有決定性重要的，便是創造了一個自己不再加入生產，祇是專管交換產物的階級，——便是商人。一切以前造成階級的諸傾向還都與生產有關係；它們把加入生產的人民分爲指導工作者與執行工作者，或分爲大規模生產者與小規模生產者。現在首次發生了一個階級，一點也不參加生產，卻整個的對生產贏得了指導的職務，並把生產者投入於經濟地服從的地位；這一階級成爲二個生產在中間不可缺少的中間人，並且剝削二方面。藉口於免除生產者交換上的困難與危害，把他們的產物賣到極遠的市場，因此成爲人口中最有用的階級，寄生階級於是形成，他們是眞正的社會吸血者，他們祇供獻極微的一點實際服務，而攫取了國內及國外的乳脂，很快的獲得大財富及相應的社會勢力，實際上，因此，文明時期獲得一逕常新的名譽，及一逕加大支配生產的力量，直到最後發生它自己的產物：即週期性的商業危機。

但是在我們現在考察的發展階級上，年青的商人階級還沒有稍微感到橫在前面的諸大事情。但它自己形成起來，而且造成爲必須的，已經足够了。跟它一起，金屬的錢幣，鑄成的錢，發展起來，跟金屬的錢幣一起，不生產者支配生產者及其生產也有了新工具。隱藏在一切別的商品裏面的諸商品之商品被發見了；這是能隨意所欲的變爲任何可能要的與需要的東西之魔術品。不論誰獲得它，就能支配生產世界，——誰能够儘先得到它呢？就是商人。在他的手中，金錢崇拜遂確定下來。他做成了：明顯地把一切商品，及一切商品的生產者們隨同一起拜倒在地下，在金錢的面前降伏。他在實踐上指明，一切其他的財富形式與這種財富的具體形式相比較，祇是空虛的幻像。金錢的力量再沒有比在這青年期中那樣表示得原始的殘酷與暴烈的。繼賣出商品以易錢之後，遂有借款，借款之後，遂有利息與高利貸。以後各時期的立法裏，沒有像古代雅典及羅馬的立法，這樣無假借地與不能挽救地把債務者撳倒在重利盤剝的債權者之脚下的——兩者都自然地起來的，像習慣法一樣，經濟之外沒有別種任何壓力。

沿着商品與奴隸的財富，沿着金錢的財富，現在又出現了土地的財富。個人們握着的地畝所有權，土地當初是由氏族或部落派給他們的，現在已經堅固而擴張到如此程度，即現在屬於他們的地畝是由繼承得來的了。在最近的時代，他們努力的主要目標是對於這等地畝，從集合的氏族權利解放出來，因爲這種權利對於他們已成爲一種束縛。他們解脫了這種束縛不久，又從新的土地財產得到解脫。充分的，無限制的土地所有權，不單是有獲得土地完全無限的可能性；又含有可以把它賣掉的可能性。當土地爲氏族財產的時候，這種可能性是不存在的。到了新土地所有者終於把對於土地的氏族及部落的最高權利的束縛打去之後，他把一向把他與土地牢牢縛在一起的帶子也解去了。這有甚麼意義，金錢已對他說明。金錢是與土地私有權同時發明出來的。土地現在已成爲可賣可抵押的商品。土地可以私有，立刻又發見可以抵押（見於雅典）。正如雜婚與賣淫緊跟在一夫一妻制後面一樣，抵押也緊跟在土地私有的後邊的。你要充分的，無限制的，可讓渡的土地私有權嗎；很好，那麼，你有就得了——「這是你所願意的，喬治但丁喲！」

因此，跟着商業的擴張，金錢與高利貸，土地私有與抵押，財富積集與集中於少數階級之手很快的跑上前頭，隨它一起，增加了羣衆的窮苦，增多窮苦的人民。新的財富貴族，因起始即與舊的部落貴族們不相同的，遂把後者終於排擠在後面（在雅典，在羅馬，及在日爾曼人中間）。並且跟着把自由人根據財富分爲階級一起，特別在希臘，奴隸的數目也大大的增加，*他們的强制勞動造成了一個基礎，上面築起了全社會的上層建築。

现在讓我們來考察在這一個社會革命過程中氏族組織究竟成爲怎麼樣子。氏族組織對着不受它幫助已經生長起來的新因素是沒有力量的。它的先前的狀況，是氏族，或者甚至部落的分子，住在同一地方，是純粹的。但現在久已不是那種情形了。各處氏族及部落是混雜着；各處有奴隸，「被護民」，「未開化人」，正式住在市民間。祇在近未開化中期的末了獲得的安定居住，以後因了通商，職業的變遷，及土地所有權的改變而來的移動性，及居住的改變，便被打破了。氏族的分子不復能夠聚在一起處理公共事務；祇有不重要的事情，像那宗教的祭祀，還在這裏或那裏奉行。循着需要與利益，這等保護本是氏族會議的事情，且有權管轄的，因生產關係起了革命及社會構造後生變化的關係，遂發生新的需要及利益，這些，不特爲老氏族組織所不知道，而且甚至處處相違背的。因分工而發生的手藝羣的利益，城鎮對鄉村對立的特殊利益，都需要有新機構：但是這等羣的每一個，由十分不同的氏族，羣族，及部落的人民組成，並且甚至包括有「未開化人」；所以這等機構在氏族組織外組成的，與氏族並存，而且與它對立。——又，每個氏族開始經驗到利益的衝突，在同一氏族及同一部落的富者與貧者的聯系間，高利貸與債務者的聯系間，衝突達到最高峯。還有，氏族羣之外，還有新人口羣衆，像在羅馬那樣，他們會成爲那地方的一種力量，而且因爲人數太多，不能逐漸吸收進以血統爲本的家族及部落中。氏族羣遂像關閉的，特權團體，對這班羣衆對立着；原始的，自然的民主政治變

* 雅典有奴隸三六五，〇〇〇。科林斯（Corinth）權力最高時候，有奴隸四六〇，〇〇〇；伊齊那（Aegina）四七〇，〇〇〇——在後面二個例子，數目比自由市民人口數要多十倍。

爲仇恨的貴族政治了。最後，氏族組織本來是長大在沒有內部矛盾的社會中的，也祇能適合於這樣的社會的。這社會祇有公意，沒有强制。但是現在因了生活的全部經濟條件，社會已發生了强迫分裂爲自由人與奴隸，剝削的富人與被削剝的窮人；這樣的社會不單不可能再把這等矛盾調和，而且必然會把它們驅逐到十分尖銳的尖端。這樣的社會祇能够或者繼續存在這等階級不斷的互相公開鬥爭裏，或者在第三種勢力的統治下，這種勢力，似乎站在那些鬥爭階級之上，壓制它們的公開鬥爭，祇准階級鬥爭至多在經濟範圍內，所謂合法的形式裏演出。社會的氏族組織已經不存在。它爲社會分裂爲階級所摧毀。它已爲國家所代替。

在前面的幾頁裏，我們已把國家在氏族組織的廢墟上發生起來的三種主要形式詳細考察過了。雅典供給了最純粹的古典的形式：國家是直接地並且優越地從氏族社會內部發展起來的階級矛盾裏起來的。在羅馬，氏族社會生長爲關閉的貴族政治，週圍環繞着許多大形的平民羣，這是氏族組織的外圍，沒有權利祇是屈服於義務的。平民羣的勝利，把建築在血統上的舊組織破壞，在它的廢墟上建起國家來，在國家裏，沒有權利，祇是，氏族貴族與平民羣很快的完全滲合了。羅馬帝國的日耳曼戰勝者們裏，最後，國家直接地從征服的巨大外國土地上發生，因爲統制這些，氏族組織已不適用了。但是因爲這種征服既不與以前的人民發生嚴重的鬥爭，也沒有更進步的分工；因爲勝利者的經濟發展的水準與被征服者的差不多相同，所以社會的經濟基礎仍然相同的——因爲這些緣故，社會的氏族組織得在改變過的馬克村社的地方形式中繼續存在許多世紀，甚至於有時候在後來高貴的及貴族家族中會以改變過的形式再興起來；事實上甚至於在農民家族裏，如在狄得馬西（Ditmarsh）＊那樣。

所以國家並不是從外面加於社會上的一種權力；也一樣不是像黑智爾所說的爲「道德觀念的現實」，「理性的影像與現實」。實在它是社會發展到一定階段的產物；它是承認社會已經造成不可解決的矛盾之糾紛，已經陷於不能調和的對立，沒有力量可把它趕散的。但爲了這等對立，經濟利益衝突的階級，不在無益的鬥爭中把它們自己及社會消磨掉，有一種權力明顯地站立在社會上的力量遂成爲必要，它的用處是緩和衝突及把它納進「秩序」的範圍之內；這種從社會起來，置於社會之上，並且愈加從社會分離的一種權力就是國家。

國家與古代的氏族組織不同，第一個相異的性質是把國家的人民羣聚在領土的基本上的。建築於血統上及由血統來維繫的古舊氏族組織，已經不足够，大部分因爲它們的前提是氏族的分子是維繫在一定土地上的，而且已早已不是這種情形。領土依然存在，但人們已變爲移動的了。所以拿領土的劃分爲起點，讓市民在定居的地方使行權利與義務，不管它氏族與部落以定居於一個特定地方這基礎上，建立國家的臣民們之組織，這是一切國家的共通的。所以，我們看起來似乎是自然的；但是我們已經看到，在雅典及羅馬，在它起來代替以血統爲基礎的老組織，曾經過何等艱苦與長久的鬥爭。

＊對於民族的本性，至少具有一個近似的觀念的第一個歷史家是尼布爾（Niebuhr）；並且這觀念——沒有疑義，他在這裏面又藏着錯誤的觀念——是依靠熟知在狄得馬西的諸家族得來。

第二是公衆武力的成立，它與人民組成的一種武裝力量已不復絕對相同。社會既分裂爲階級，人民自衛的武裝組織就成爲不可能，這種特殊的公衆武力就成爲必要。奴隸亦爲人口的一部分；九〇、〇〇〇雅典公民成爲特權階級，奴隸却有三六五、〇〇〇人。雅典民主政治的國民軍是一個貴族的公共武力，以對付奴隸，使他們就範；但是爲了防止市民，前面已經說及，憲兵隊也是必要的。這種公衆武力各國都有存在；它不僅包含武裝的人們，還有物質附屬，牢監及各種鎮壓制度，這些東西，氏族社會裏是不知道的。這在階級矛盾還不發達，及在遼離的區域，像在美洲合衆國的有一時期及有些部分，會是極無意義，差不多極微末的。但是在一個國內，階階對立愈尖銳化，及鄰國的加大與人口加多，它就强起來。我們祇要看今日的歐洲，這裏階級鬥爭及侵略競爭把公衆武力强行擴張到這樣一種情形，以至有威脅呑滅全個社會，甚至國家自身之勢。

爲了維持這種公衆武力，市民必須有負担——便是捐稅。在氏族社會，這等捐稅是完全不知道的。然而我們今日祇有知道得過多。文明進步上去，甚至於連這些也不夠了；國家遂發期票，約定借款，就是公債。對於這些，古代歐洲祇能作一個故事講的。

官員們因有處置公衆武力及征收捐稅之權，他們遂像一個超出於社會之上的社會機關。像氏族的政治形式的機關，對於自由的，自願的尊重，即使他們能夠獲得，也不能滿足他們；作爲離開社會的武力代表人們，通過例外的法律而得到尊敬，賴這等法律，他們得享受到特殊的神聖與不可侵犯。文明國家裏最早下的公僕，也比氏族的機關合併起來還要有「威權」；但是文明國家的最有權力的皇子及最大的大官或軍隊的領袖，對於氏族的首腦間的一些很小的不勉强的與無爭執的尊崇却會很妒忌。氏族的首腦是正當地居於社會的中間；他們却被迫的像是一種在社會之外，社會之上的東西了。

國家既是由於控制階級對立的需要而產生的，但是，同時，它因產生於這等階級的衝突之中，照例，國家屬於最有力量的經濟上爲統治的階級，因此，它在政治上也成爲統治階級，所以，又須用新的方法去鎮壓及剝削被壓迫的階級。所以代社會不外乎是鎮壓奴隸的奴隸主的國家，封建國家是貴族鎮壓農民，農奴，奴僕的機關，近代的代議制度國家是用資本剝削傭僱勞動的工具。不過也有例外，有些時候，戰鬥的那些階級差不多近於平衡，國家權力，表面上會好像是一個調停者，這時候，對於兩方面都像有某程度的獨立性。例如十七及十八世紀的君主專制政體，曾平衡貴族與市民兩方面的互相反對。在法蘭西，法王第一世及特別是第二世的波那巴特主義（Bonapartism），其作用是嗾使無產階級反對資產階級，及資產階級反對無產階級，以從中取利。這種做法的最後成就，做法是統治者與臣民們表現得同樣可笑的，要算新日耳曼帝國俾士麥國家了：這裏資本家與工人平衡地互相反對，兩方面同樣被普魯士的頹廢的鄙陋的鄉紳所詐取。

又在許多歷史上，存在過的國家裏，承認公民所有的諸權利是以財產爲基本的。所以在事實上直接表示出來：國家是有產階級保護自己以防無產階級的一種組織。雅典與羅馬依靠財產分的諸階級已經是這種情形。中世紀化的封建國家，政治上的權力照土地所有權來，分等級就是這種情形。近代代議制度國家的選舉登記也是這種情形。但是這種財產不同在政治上的承認不是本質的。相反，它指明在國家的發展上祇屬下等階段。國家的最高形式爲民主共和國，這種制度在我們的近代社會關係上，愈加成爲不可避免的必然，並且成爲祇有在這種形式裏無產階級與資產階級能打出最後的決定性戰爭的國家形式——民主共和國已不復有爲官方承認的任何財產差別。在這種國家裏，財富的使行權是間接的，但效果極大。在一方面，成爲直接賄買官吏的形式——美國就是這一種古典的例子；在別一方面成爲政府與交易所聯盟的形式，它若公債增加愈多，並且股分公司愈集中在他們的手中，不特運輸，而且甚至於生產亦然，回過來使交易所爲他們重力的中心也愈容易成功。除開美國，法蘭西的最近共和國是一個這種顯著之例，甚至最善良的瑞士，在這一方面也表演一部分，在別一方面，民主共和國分明不是本質上爲政府與交易所構成親睦的同盟所必需，除英格蘭之外，由新德意志帝國證明了，在那裏就不能夠說一個普選權中，何者得更舉高，是俾士麥還是勃來克羅德(Bleichroder)。分析到最後，有產階級是直接用普選權來統治的。在被壓迫階級，我們的國家內就是指無產階級，在給自己解放還未成熟的時期內，大多數人也一還在認現存的社會秩序是唯一的可能者，而且在政治上成爲資產階級的尾巴，成爲它的極左翼。然而無產階級逐步走向自己解放之成熟，到達了組成爲自己的政黨，選舉自己的代表，不選資產階級的代表的程度。所以普選權也是勞動階級成熟的尺度；在今日的國家裏，不能也不會得到得更多些。但是這樣也已經夠了。有一天，在工人裏，普選權的寒暑表指到沸點時，他們像資本家們一樣，會知道他們所處境地的。

所以國家不是一向存在下來的。有過許多社會沒有國家而治，那裏沒有國家概念也沒有國家權力。到了經濟發展到一定階段，它必然當社會分裂成爲階級相關連着，國家遂因這種分裂而成爲必要。在生產發展裏，我們現在已經很快的走近了一個階段，到了這階段，這等階級不特不需要存在，而且變爲生產上積極的障礙。它們的消滅也像早期它們起來的不可避免。隨同階級的消滅，國家也必然消滅了。重新把生產組織在生產者自由與平等結合的基礎上面的社會要把整個國家機構安放到應該去的地方去：就是古物博物館裏，與紡車及青銅斧頭放在一起。

依照上面的分析，所以，文明是社會的發展階段，其中有分工，因此而起個人間的交換，由這二者而生商品生產，到了充分發達時，改革了整個早先的社會。

一切早先社會階段的生產，本質上是集體的，正如消費也以在或大或小的公社團體內產物直接分配爲基礎。這種集體生產是祇限於最狹小的範圍以內的，它帶來了生產者對於自已生產過程及生產的支配。他們知道他們生產物的結局是甚麽，他們把它消費了，它不離他們的手；當生產在這基礎上進行時，它不會超出生產者的管理之外，也不會產生任何處於反對他們地位的幻想的與外來的力量，像在文明時代是經常的不可避免的事情。

但是勞動分工慢慢的侵入了這種生產過程與私有，它使個人的佔有成爲流行的規則，同時又產生了個人之間的交換——我們已在前面研究過這是如何發生的。於是商品生產漸漸的變成支配的形式了。

在商品生產之下，生產不再爲了生產者的用度而是祇爲了交換，生產品必然從這人手中轉入他人手中。生產者在交換中把他的生產品讓給他人，他不再知道它後來怎樣了。當貨幣與商人用了貨幣加入生產者之間爲媒介者以後，交換的過程更錯綜復雜，生產品最後的命運更捉摸不定了。許多商人出現了，但是他們之中沒有一個人知道別人在做些甚麼的。現在商品不祇是從這人手中轉入那人手中，它們從這市場轉移到那市場去了；生產者失去了對他們生活上所依靠的全部生產的支配權，不過這權力也沒有落入商人的手中。生產品與生產遂變成隸屬於偶然的機會。

但是偶然不過是相互關係中之一端，另一端是必然。在似乎也被偶然所支配着的自然界裏，我們早已確定在每一個領域裏有內在的必然性，並且服從於貫徹這種偶然性的定律。對於自然是眞確的，對於社會亦眞確。愈是一種社會活動，一連串的社會過程，越出人們自覺的控制，越出人的權力，則愈覺得它是出於純粹的偶然，亦的確愈有那如本質的必然性，即這偶然特有的內在諸定律在內面作成之。這些定律也在統治着商品生產與商品交換底偶然事件；他們與各個生產者與交易者站在對立的地位，起初縱使是不可知的諸力量，它們的本質是必要先加勞苦研究與確定的。這種商品生產的經濟諸定律，是隨着生產形式的發展階段而變化，但在大體上說來，這種形式或別種形式，文明的全部時期受這等法律所支配。直到今日，生產物支配着生產者：直到今日，社會集成的生產不是由共同的計劃而定，而是由一種自然的力量所造成的盲目的定律來調節，終於到來週期性的商業危機的風暴。

我們已經看到，在生產發展的早期階段，人的勞動力能生產出比維持生產者的生活所必需更多的生產物，在這一生產時期，大體上與勞動分工及個人間交換的出現是相同的。自此以後不久，一個偉大的「眞理」就被發見，人也可以成爲商品的；把人變爲奴隸以後，人的氣力是可交換與可利用的。當人們開始交換時，他們自己就已開始被交換。不論人們是否願意，主動的變成被動的了。

在文明之下，奴隸制度達到了最高度的發展，把社會分裂成爲搾取與被搾取的兩大階級。這個分裂，通過文明的全部時期都存在。奴隸制度是第一種搾取的形式，這種形式爲古代世界所特有。相繼而來的是中世紀的農奴制和近代的勞力雇用制。這是被奴役的三大形式，是文明的三大時代的特徵，公開的，近來是僞裝的，奴隸制度還是普遍存在，一步一步的發展到最後形式。

商品生產（文明由它開始的）階段，從經濟的觀點看來，由下列各種爲嚮導：（一）金屬貨幣，以及貨幣資本，利息，高利貸；（二）商人，生產者中間的媒介階級；（三）土地私有權及抵押；（四）奴隸勞動是生產的流行形式。適應文明與達到確定形勢的家庭形式是一夫一婦制，男子統治女子，個別的家族成爲社會的經濟單位。文明社會的總聯繫是國家，在一切模式時期沒有例外，皆是統治階級的國家，在一切情形之下，本質上還是一架壓制那被壓迫的被搾取階級的機器。文明的進一步的特徵是：一方面是當作全社會分工的基礎的鄉鎮和城市對立的確定；另一方面是遺囑的採用，財產所有者可用遺囑來處置他的財產甚至於在他逝世以後。這種與古代氏族制度正面衝突的制度，在雅典直到梭倫時代還不知道，在羅馬早就實行了，雖然我們不知道準確的日期。* 在日爾曼是由僧侶介紹進來，以便使熱心的日耳曼人將他們的財產毫無阻礙的遺贈給教會。

在這種最根本的政體下，文明完成了古代氏族社會所不能做到的事情。但是，它在行動上啓發了人類最低劣的衝動與情慾，并發展起來在一切別種才能的價值以上。單純的貪慾成爲文明的動力從第一日起直到今天：財富，更多的財富，再多的財富，——不是社會的財富而是可憐的個人的，它是文明唯一而決定的目標。假如爲了追求這目標而科學向前發展，藝術屢次達到高度的成就落入這種境況中，也不過爲了不如此做則在今日不可能獲得財富。

文明的基礎既是一階級被他階級所搾取，那麼它的全部發展在經常的矛盾之下進行着。生產向前進一步，同時被壓迫的階級即大多數人的境遇就要後退一步。對於這一階級的幸福，必是另階級的不幸，對這一階級的新的解放是另一階級的新的壓迫。最顯著的證明是機器的引用，這結果是全世界都所知道的。我們已經看到在野蠻人中間，權利與義務是極難把它很清楚的分開來的，而文明却使一個愚笨的人也會淸楚的知道這兩者之間的對立，因爲在事實上，它把所有的權利給予這一階級，而另一階級呢，相反的，實實在在的祇盡一切的義務。

* 拉薩爾的「繼承權制度」(Lassalle's System of Inherited Rights)第二部分主要的是講這個題目就是羅馬的遺囑制是與羅馬本身同樣的久長，在羅馬歷史中沒有「一個時代沒有遺囑」：反而在羅馬以前遺囑制就存在，爲了對死者的敬，拉薩爾，一個忠實的黑格爾主義者，得到羅馬法權條規的起原並非由於羅馬的社會狀態，而是由於意志的「臆測的概念」，爲了這緣故，得到了非歷史的斷言。在一本書裏以同一的「臆測的概念」爲基礎，而得到一個結論，說在羅馬的繼承制度中，財產的轉移純然是一件附屬的事情，原是不足爲奇的。拉薩爾不祇相信羅馬法律家的幻想，特別是那些初期的，甚至他的幻想還勝於他們。

但是也並非必然如此。凡對統治階級是有利的對整個的社會也有利，統治階級把自己與社會看作合爲一體的。所以文明愈向前進展，不得不以慈善的外衣將由它所產生的劣點遮掩起來，粉飾它們或否認它們存在，總而言之，運用早期社會形式或文明初期所不知道的一種有條件的僞善手段。最後，它要達到這一種主張：被壓迫階級的被搾取，是搾取階級專爲了被搾取階級自身的利益而進行的；如果後者不懂得這道理，甚至叛亂起來，那眞是對恩人對搾取者一種最無恥忘恩負義的行爲。*

現在把摩爾根批評文明的話，作爲結論：

「自從文明來到以後，財產的增加是那麽多，它的形式是如此千變萬化，它的應用是如此廣大，它的管理，在所有者的利益方面，又如此機智，以致在人民一方面，它變成一種不能統馭的力量。人的心智在它自己的創造物面前變成迷惘無措。但是一個時代終於要到來的，那時人的智慧提高，能夠管制財富，與規定國家對它所保護的財產的關係，及財產所有者的權限與義務。社會的利益高於個人的利益，而兩者之間的關係是公平而和諧的。假使進步是未來的定律，如它在過去一樣，那麽人類最後的命運不祇是對於財富的追求了。自從文明開始以來所經過的時間，祇不過是人類過去生存的片斷，也不過是尚未到來的時代的片斷而已。社會的崩潰使以財富爲終極與目的的歷程有終結之望，因爲這一歷程是含有自己毀滅之原素的。政治的民主，社會內部的友愛，權利的平等，普及教育，預示着下一個更高面的社會，而經驗，智能與知識，已決然在向着這一階段前進。它是古代氏族的自由，平等及友愛的復活，但是屬於更高形式的。」

*我當初打算把分散在却爾斯·傅立葉(Charles Fourier)著作中的文明的批判，與摩爾根以及我自己的意見並列在一起。可惜我沒有時間如此做。我祇摘錄了傅立葉作品中的一夫一婦制與土地私有制作爲文明的特徵，他把它稱做富人對窮人的戰爭。同樣，他的見識是足夠深刻去瞭解到在一切不完善分裂成敵對地位的社會裏個別家庭(les familles incoherentes)是經濟的單位。

恩格爾斯

居住問題

〔十九世紀六十年代前後，爲了那一時期工業迅速發展，住宅的缺乏成爲德國最迫切的問題。德國的報紙充滿了關於居住問題的文章，還提出許多「解決法」，包括那些自認爲社會主義者，但事實上代表「祗是社會的補綴細工的人」。恩格爾斯抗議這種文章登載在社會主義者的報紙上；人民國家(Volksstaat)的編輯者們請他寫一篇檢討它們的評論。恩格爾斯就寫了這些文章，指出住宅的缺乏，祗是資本家生產方式和資本主義階級關係的一種特色，在這些階級關係存在的時候，這是永不能「解決」的。這文章主要是論爭文章，但是也述說馬克思主義的原則，指出居住問題的革命的解決法。〕

普魯東如何解決居住問題

……所謂住宅的缺乏，今日的報紙上佔了如此重要的地位，勞工階級普遍的住在壞的，過於擁擠的和不衛生的住宅內這事實還不包括在內。這種缺乏不是現在特有的事情；它甚至不能算是和早期一切被壓迫階級不同的，近代無產階級的特有苦難之一。相反的，一切被壓迫階級在一切時代都多少受同樣缺少住所的苦痛。要使此種住宅的缺乏結束祇有一個方法：即去掉統治階級對勞工階級的剝削和壓迫。今日住宅缺乏的情形，是指由於大都市人口激增的結果，工人居住壞的情況特別增强房租的巨大增加。個別房屋中，過於擁擠的不斷增加，並且有些人竟不能找到一個地方容身。這種住宅的缺乏大談而特談的原因，祇爲了不限於工人階級，並且也影響到小資產階級的緣故。

在現代的大都市中，工人和一部份小資產階級吃了住宅缺乏的苦，但這祇是今日資本主義方式所造成的許多較小的，次要的罪惡之一。它完全不是工人被剝削的直接結果，像一個工人被資本家剝削一樣。這種剝削是基本罪惡，社會革命是要從事剷除資本生產方式以剷除它。然而資本生產方式的基石，事實上，是我們目前的社會秩序：使資本家把工人的勞動力照它的價值買下來，但是它把工人的工作時間定得比使再生產已付給勞動力的代價，所必要的時間長些，從中抽取出更多的價值。由這種方式中產生剩餘價值，就分配在資本家的整個階級中間和地主及僱用的僕人，整個階級中間，從教王以至以下的人。我們在這裏並不關心於分配如何發生，但是，有一點是十分確定的：即那些不工作的和皇帝，下到守夜人總可以依靠剩餘價值的碎屑而生活。（看馬克思的資本論，這問題在資本論中最先得到說明。）

由工人階級所生產而被人無報償的拿去的剩餘價值的分配，在不工作的各階層中間，進行着極端改良道德的爭鬥和相互的欺詐。至於藉買賣手段進行這種分配的範圍內，其最主要的方法之一，便是賣者欺騙買者；特別在大都市中的零賣商，這已變成賣者謀生存的唯一條件。但無論如何，當工人被他的雜貨商人或製麪包者欺詐時，不論在價格方面或商品的質料方面，每對於他是這種工人特有的資格是不發生什麽影響的。反而這欺騙的平均水準變成了社會的通例，在任何地方都是這樣時，結局一定會由相當的增加薪水而持平。工人在小店主面前是一個買者，便是貨幣和信用的所有者。他的資格完全不是工人，工人是出賣勞動力的。欺騙對於他的打擊，幷打擊整個的比較貧苦的階級，比打擊較富有的社會諸階級更嚴重些，但是，它也不是一種單獨打擊工人或特別對這一階級的罪惡。

正如住宅的缺乏一樣。近代大都市的長成，使土地在確定的範圍內，特別是那些坐落在中心地方的，因了一種人爲的和常常激增的價值；房屋建築在這些地方上，不能使價值增加，反而低落，因爲，它們不再適合於變換了的環境。因此這等房屋遂被折掉，建造了別的。這種變換主要是建造在中心地方的工人屋子，這些屋子的租金，即使住的極度擁擠，也永不能或者祇能慢慢的增加到一定的高度。這些屋子遂被拆掉，改造商店，堆棧，及公共建築物了。在巴黎經過奧斯曼（Haussmann）之手，波那巴主義（Bonapartism）就猛烈地利用這種趨勢，進行欺騙，使自己致富。但是奧斯曼的精神在倫敦，曼徹斯特和利物浦也很普遍，而在柏林和維也納也很盛行。結果，工人被迫地離開城鎮的中心而到郊外去了，工人的住宅，普通都是小房子，變成稀有而且昂貴，還常常完全不能得到，因爲在這些情況之下，許多好的地方造起更高貴的屋子作爲投機之用，建築工人的住宅祇是例外了。

所以，住宅的缺乏必然打擊工人比打擊其他任何較幸運的階級更厲害，但是它正如使工人階級單獨負担商店的欺詐這種重担一樣的一個小罪惡，就工人階級來講，當它達到一定的水準和到一定的恒久時，也同樣的必然會找到一定的經濟的調整。

正如這些困苦一樣，工人階級和別的階級共同忍受着的，特別是與小資產階級，小資產階級的社會主義，普魯東就屬於這一類的，寧願來談這個問題。因此，我們德國的普魯東主義者主要也要談這居住問題，全然不是偶然的。依我們所見，這問題決不是一個工人階級單獨的問題，相反的，普魯東却說那是眞正的單獨的工人階級的問題。他說：

「租屋者的關於房東，是像僱傭工人關於資本家一樣的。」這話完全不確。

在居住問題中，有兩派互相對立着：即租借者和地主或房東。租借者願意用金錢向房東暫時購買住宅一用；即使他從房東那裏買得這一信用，租金之外還要加上高利貸的代價，他總是有金錢或有信用的。這單純是商品的買賣；並無無產者和資產者的，即工人和資本家的作用存於其間。租借者——即使他是一個工人——是以一個有錢的人出現的；爲了要拿了收入成爲使用房子的買主那樣出現，他一定已經賣去他自己的特殊商品，即他的勞動力，或者他必須已得到可以即時賣掉他的勞動力的保證。隨着勞動力賣給資本家而來的特別結果，在這裏是完全沒有的。資本家把買來的勞動力，首先使它產生它自身的價值，其次是產生剩餘價值，這種剩餘價值當時在他的手中，並使它分配在資本家的階級中。所以，在這情形之下，產生一種額外的價值，既存價值的總數遂增加。在租金交易中情形十分不同。不管地主可以欺騙租借者到多少程度，它仍然不過是已經存在的，以前所產生的價值的讓予，價值的總數由地主所享有，租借者以後，繼續下去仍然如以前一樣。工人是經常被騙去勞動生產品的一部份的，不論資本家付給勞力的代價是低，是高或相當。租借者則不然，當他被迫着付出超過住宅以上的價值時才被欺騙。所以，把地主與租借者間的關係使它和主人與資本家間的關係等同起來，完全是一種錯誤的說法。反之，我們在這裏講到二個公民間十分普通的商品買賣，這種買賣是依照經濟定律進行的，諸商品一般的出賣和特殊商品即地產的出賣皆受經濟定律的支配。建築物和房屋的保持費用，或者屋子一部分的保持費用，須首先計算起來；土地的價值，是由房屋的地位是否便利決定的，所以在其次；這一時候供給和需求之間的關係情形乃是最後的決定。……

……然則怎樣解決居住問題呢？在今日的社會裏，像任何待解決的別的社會問題一樣：把供給和需求逐漸作經濟的調整，不過這一種解決法，不斷的重新又產生出新問題，因此還是沒有解決。社會革命將如何解決這問題，不祇是依靠存在於各種事情中的情況，並且又和遙遠的問題相關連，其中最基本的一個是消滅城市與鄉村間的對立。因爲創造一個烏托邦制度去管理未來社會，不是我們的工作，這裏來談這個問題，未免過於無聊。但是有一件事情是實在的：在大城市中，已存有充足的建築物，應把它們合理的利用，來供給居住，以救濟目前眞正的「住宅缺乏」。那自然祇有把現在所有主的土地房屋沒收，他們的屋子中，讓無家的或以前住得極度擁擠的工人住進去。無產者一旦獲得政權，這樣一種程度的命令，用在公共的利益之上，將和現在情形下的別種沒收和分配宿舍一樣容易執行……

資產階級如何解決居住問題

……資產階級社會主義的本質是要保存今日社會一切罪惡的基礎，同時，又想剷除這些罪惡。如已經在共產主義宣言中所指出，資產階級的社會主義者「是想補救社會上的不平，以圖資產階級的社會繼續存在」，他要「一個沒有無產階級的資產階級」。我們已經看到，薩克斯博士（Dr. Sax）確實在同樣式樣中陳述這個問題。他在居住問題的解決中找到解決。他的意見是：

「改良工人階級的居住，可能有效地救濟物質上和精神上的苦痛的，這是已經描寫過了，所以——由單獨急進的改良居住狀況——把這些階級的大部分從他們常常處於人類生存的艱苦情況的沼澤中舉起來，到物質上和精神上福利的純粹高點。」

還有附帶的事，資產階級還矯飾由資產階級的生產關係所造成和決定這等生產關係繼續存在而有無產階級存在的事實。所以，薩克斯博士告訴我們說（二一一頁）：工人階級一語是被當做包括所有「貧苦的社會階級」，「并且一般地來說小規模地生活的人民，如工匠，寡婦，僕役（！）下級職員等」，和目下的工人來了解的。資產階級社會主義伸手到小資產階的各方面。

於是，何以會住宅缺乏？它是如何發生的？為一個好資產者的薩克斯博士不想知道它是資產階級社會秩序的必然的生產物，在這樣一個社會上，它是不可能不發生的，在這社會上有大批工人全然依靠工資的，那便是說，他們自身的生存和繁殖下來的子女必需的食料依靠於這一數目；在這社會上因現存機器的改良不斷的使大批工人失業；在這社會上，激烈的和有規律的反復發生工業的動盪，一方面決定了大批沒有被雇用的工人後備軍的存在。另一方面使大批工人暫時失業，流浪在街路上；在這社會上，工人們擁擠在大都市中，增加的速度，比房屋在現條件下建造起來供他們居住還快；在這社會上，所以，必然經常有租屋者，甚至租最下等的豬欄；在這社會上，房東最後使他的身分像資本家一樣，不但在權利上，並且爲了競爭的緣故，到一定範圍的職分上，殘忍地在租金上盡可能的擴大他的財產。在如此的一個社會上，住宅的缺乏不是偶然的事；它是必然的制度，祇有如果它所由發生的整個社會秩序根本的改造過了，它才能和其他一切於健康上有一切影響的一起都廢除掉。然而那是爲資產階級的社會主義所不敢知道的。那種社會主義不敢從現狀解釋住宅的缺乏。所以，它除了用道德的詞句來解釋住宅的缺乏，說這是人類卑劣的結果，是原罪的結果之外，沒有別的話可說了……

……在無論怎樣的情形下，薩克斯博士用下面的方法以解決住屋缺乏的問題：使工人自己得到一所小小的屋子，「變成一個資本家」。

資本便是操縱別人的無給勞力。所以，工人如果把他的屋子租給第三者，和以租金的方式取得第三者的勞力生產物的一部分時，這屋子才能變成資本。但事實上，工人自己住在這屋中，這屋子就不能變成資本了，正如我從裁縫那裏買了一件外套，穿在身上，這件外套就不復成爲資本。一個工人買得起一間小小的房子，價值一千退勒，當然已不是無產者，可是也一定不能像薩克斯博士那樣稱他爲資本家。

然而我們工人的資本家特性還有另一方面。讓我們假定在某一個工業區內，已有了每一個工人有他自己的小房子這種規定。在這種情形之下，那一區的工人階級可免出租金居住，租金的費用不再算入勞力價值的一部分。每一勞力的生產物減低價值，那就是說，工人的生活必需品中，每種永久價格減低了，就等於「在經濟學的鐵的定律之基礎上」減低了勞力價值，所以最後的結果是相應的降低了工資。工資將降低到一個平均數，和節省在租金上的平均總數相適應，就是工人是要付他自己的房租的，不過不是像以前一樣，付錢給房東，而是付給以沒有薪給的勞力給他所工作的廠主了。照這樣子，工人的把投在他的小屋中省下來的錢當然變成在某些範圍內的資本，但不是他的資本，而變成了雇用他的資本家的資本。

因此，薩克斯博士甚至在紙上也不能把他的工人轉變爲資本家。

還有附帶的，上面所述適用於一切所謂社會改良，這種目的，便是在於節省和減低工人的生活資料。要不是他們變成爲普通一般，接着工資也被相當的減低，便是他們仍爲十分隔離的試驗，於是他們的生存也如隔離的例外，表明他們的實現，在一般上是和現存的資本主義的生產方式不相容。讓我們假定在某一區域內，普遍的行消費合作，竟能够減低工人的食糧價格百分之二十；久之，在那區域內，工資就會降低差不多百分之二十，那便是說，食糧的減價以相同的比例算在工人的生活資料裏面的。舉例來說，假如這工人化費每週工資的四分之三在這等食糧上，於是，工資會終于降低百分之二十的四分之三——百分之十五。總而言之，任何這種節省的改良辦法普遍時，工人祇能得到以同一比例減少的工資，因爲他的節省允許他生活得更便宜些。給每個工人每年可節省五十二退勒時，那麼，他的每週工資必定終於要降低一退勒。所以；他節省得愈多，工資中的收入便減得愈少。因此他的節省不是他自己的利益而是資本家的利益。其他一切不是必需實行「以最有力的方法去勉勵原始的經濟道德即節儉」嗎？……

……這是非常清楚的：現存狀態既不可能也不願意去做一切補救居住困難的事情。這種國家不是別的，祇是佔有階級，即地主，和資本家們組成的集體力量，用來反對被剝削階級，即農民和工人的。個別的資本家（這裏只有一個問題，因爲在這件事中，也有關係的地主，各種行動，基本上是像資本家一樣的）所不要的，他們的國家也是不要的。所以，如果個別的資本家們悲嘆住宅缺乏，但是甚至表面上減輕它最嚴重的結果也不能做到，那麽，集合體的資本家即國家，不會做更多的了。至多可以看到的，使表面上緩和一點，成爲各地一律通行的標準。而我們所看到的就是這樣一種情形……。

馬克思
哲學的貧乏

〔此書是回答普魯東的貧乏之哲學而寫的，在共產主義宣言當中論到普魯東的這一著作爲保守的即「資產階級的社會主義」的例子。——這種社會主義形式由資產階級的一派爲了可以保持資產階級繼續生存下去而要補救社會上的不平而提倡的。在哲學之貧乏這一書中，馬克思不僅批評了普魯東的「社會主義」的變化多端和哲學的紛亂，並且還以正面的形式發展基本的觀念，這種基本的觀念是他和恩格爾斯早已清楚的陳述過的。這本書的第一部分代表馬克思的經濟學說的早期陳述，爲政治經濟批判和資本論兩書的前導。下面所述的是第二部分，批評普魯東的哲學概念並指示出馬克思的觀點。〕

政治經濟的形上學

我們來了，正正確確的來到了日耳曼；我們談到經濟學，同時也要談到形而上學。在這一點上，我們也祗有追隨普魯東先生的「矛盾」後面。剛才他强迫我們說英語，迫得我們某程度的英國化。現在這場面改變了。普魯東先生把我們運回到我們親愛的祖國，强迫我們回復到德國人的資格，也不管我們是否願意。

假如英國人把人變成了帽子，德國人把帽子變成了觀念。英國人就是李加圖是一個富有銀行家與卓越的經濟學家，德國人是黑智爾，柏林大學的哲學的單純教授。

路易十五是最後的專制君主和法國王室沒落的代表，使一個人做他的醫生，這醫生是法國的第一位經濟學家。這位醫生，這位經濟學家，代表了法國資產階級急迫的和確實的勝利。奎斯奈（Quesnay）博士把經濟學作爲一種科學，他在他著名的 Tableau Economique（經濟表）中概括說過。除了表上無數的註釋外，我們得到博士本身的一個註釋。那是「經濟表的分析」，附帶有「七種重要的觀察」。

普魯東是第二個奎斯奈博士。他是經濟學的形而上學的奎斯奈。

依照黑智爾的意思，形而上學——實爲所有的哲學——可以歸納在原則中。所以我們一定要明瞭普魯東的法則，這法則至少和經濟表同樣的晦澀。爲了這緣故，我們舉了七種左右的重要觀察。假如普魯東不高興我們的觀察，那麼，他將成爲波多長老(Abbe Beudeau)一般，自己提出「經濟形而上學的法則之說明」。

觀察 一

「我們不依照時間的順序，而依照觀念的連系來製成一部歷史。經濟的變遷或範疇，在他們的表現之中，有時是同時的，有時是顛倒的……經濟的學說依然有他的論理的順序和悟性中連續的關係：

這便是我們自己得意的發見的順序。」（普魯東原著，一卷，一四六頁。）

普魯東的確想使法國人害怕，用對他們發出類似黑智爾的文句的法子。所以我們要對待這兩個人；首先是普魯東，其次是黑智爾。普魯東怎樣把他自己從別的經濟學家中分別出來呢？而黑智爾在普魯東經濟學中又起了什麼作用呢？

經濟學家表明資產階級的生產，勞動分工，信用，貨幣業關係，作爲固定的，不動的永久的範疇。普魯東已有了這些範疇在他面前，他想向我們解釋範疇，原則，定律，觀念，思想之創造與形成之動作。

經濟學家解釋生產在上述各種關係中占有怎樣一個地位，但他們所沒有解釋的是這些關係的本身是如何產生的，那便是歷史的進展使他們產生了，普魯東把這些關係當作原則，範疇，抽象的思想，祇不過把那些在經濟學講義的末尾像字母般排列起來的思想放在順序中罷了。經濟學家的材料是人的現實的活動的生活；普魯東的材料是經濟學家的教條。但是當我們不追求生產關係的歷史之進展時，範疇也祇不過是理論的表現，當我們在這些範疇中所見到的不過是些觀念，自發的思想，與眞實關係獨立的，我們乃被迫的把這些思想的根源歸於純理性的運動了。純粹的，永久的，非個人的理性怎樣會產生這些思想呢？它怎樣進行以產生這些思想呢？

關於黑智爾主義，假如我們有普魯東那麼大胆，我們可以說：理性從它本身中區別它自己。這是什麼意思呢？非個人的理性，在它本身以外，既沒有站立它自己的地位，又沒有可以與它對立的客體，也沒有它可以與之構成爲主體，所以不得不把頭脚顛倒過來，自己站立，自己對立，自己構成——地位，對立，和構成。或者，用希臘語說來，即是正，反，合，爲那些不知道黑智爾術語的人，我們可以給他們奉獻的公式是：肯定，否定，和否定之否定，這便是術語的意義。這當然不是希伯來語（應當向普魯東道歉）；但這便是純理性的言語，是從個人分離出來的。如果以個人說話和思想的通常方式替代通常的個人，那末我們除了它通常的方式以外，沒有別的東西——沒有個人了。

因爲我們祇有抽象而沒有分析，一切事物都在極端的抽象中，表現出來理論的範疇，這是很驚異的嗎？如果你把所有構成房屋的個體都一點點丟開，起初是把構成房屋的材料抽象化，接着是把房屋的式樣也抽象化，結果只剩下一個物體，如果你把這些物體的範圍也抽象化，你只剩下了一個空間——最後，如果你把空間的面積也抽象化，那麼，所剩下的絕對沒有別的東西，只有純粹的量了，即是論理的範疇，這是驚異的嗎？假如我們從一切事物，所有提出來的偶然事件，不論是有生的或無生的，人或物，都抽象化，那末，我們就有理由可以這樣說：在極端的抽象中，唯一留下來的物質祇是論理的範疇了。因此，把一切抽象化的形而上學者，以爲他們是在分析，他們把自己從事物中離開的時候，想像自己全然的接近了透徹到核心之一點——可是這些形而上學者也有理由可以說，所有在這世界上的事物都是帆布上的刺綉，而論理的範疇則構成帆布，這便是從基督徒中區別出哲學家的一點。基督徒，不管論理爲何物，祇有神之子的降生化爲肉體，而哲學家却永不以降生化肉體爲結束。如果所有存在的事物，所有生活在陸地上和水中的，可以抽象化而還原到論理的範疇——，如果整個現實世界可用這種方法沉溺在抽象的世界中，即是在論理範疇的世界中——誰當驚異呢？

所有存在的事物，所有生活在地面和水中的，都只是依着某種運動而存在私生活。那末歷史的運動產生了社會的關係，工業的運動給我們工業的生產物等等，都是同一個道理。

正因爲藉抽象化作用，我們把每一樣東西都轉入論理的範疇內，所以，祗要把不同運動的每一種顯明特質抽象化，便得落入抽象狀態的運動——純粹形式的運動，純粹論理公式的運動。假如有誰在論理的範疇中找到一切事物的質，有誰以爲自己在運動的論理公式中找到了絕對的方法，這不僅是解釋一切事物，而且還包含一切事物的運動。

黑智爾所說的絕對的方法這樣講的：「方法是絕對的，唯一的，至上的，無限止的力量，這力量是無可抵抗的，這是在一切事物中找到它自己認識它自己的理性的傾向。」（論理學第三卷）。如果所有的事物都還原於論理的範疇，一切運動，一切生產行爲還原於方法，那末生產品的集合總體，和生產，客觀的和動的集合體，自然而然都會還原于一種應用的形而上學的形式。黑智爾對於宗教法律等的看法，普魯東把它拿去對待政治經濟學了。

這樣說來，什麼是絕對的方法呢？就是運動的抽象化。什麼是運動的抽象化呢？抽象狀態中的運動。什麼是抽象狀態的運動呢？是運動的純粹論理公式，或純理性的運動。純理性的運動是怎樣構成的呢？由自己站立，自己對立，自己構成，自己公式化爲正，反，合，或者，還可以說爲肯定自己，否定自己，並否定它的否定。

理性怎麼會肯定自己，自己立在一定的範疇內呢？那是理性本身及其辯護者的事情。

但是，理性一旦站定它自己成爲正，這種正，這種思想，是自己對立起來的，便分裂成兩種矛盾的思想——肯定和否定，即是和否。包含在反之中的兩種敵對的要素之鬥爭，構成了辯證法的運動。是變成否，否變成了是，是變成是和否，兩者否變成了否和是兩者，對立互相平衡，中和，互相削弱。這兩個矛盾的思想融合構成爲一種新的思想，這新的思想便是它們的綜合。這思想又分成兩個矛盾的思想，而這矛盾的思想，又建立成一個新的綜合。由這種勞作產生了思想的集團。這思想集團遵循了簡單的範疇相同的辯證法運動，而有一種矛盾的思想集團爲反。由這兩大集團的思想產生了一新的思想集團，這一新的思想集團便是前兩者的合。

正如從單純範疇之辯證法運動產生集團一樣，也可以從這許多集團的辯證法運動產生系列，從系列的辯證法運動產生整個統系。

把這方法應用到政治經濟學的範疇上，你便得到政治經濟學的論理學和形而上學，或者，換句話說，你把每人都知道的經濟的範疇翻譯成功一種不甚知道的言語，使它們表現出來彷彿是一種新開花出來的純理性的智能，這些範疇似乎單爲了辯證法的運動作用，而互相產生，互相連合，互相交織。讀者不會爲了形而上學及其範疇，集團，系列，和統系的屬架而驚駭。普魯東雖然不顧他攀登到矛盾統系的頂點的一切困難，從沒有使自己踏上簡單的正和反的最初兩級，便是這兩級他也祇登上了兩次，其中有一次他反跌下來了。

直到現在，我們只說明了黑智爾的辯證法。以後我們將要看到普魯東如何把黑智爾的哲學降落到最鄙陋的一部份。例如，在黑智爾方面，所有已發生的和正在發生的，祇不過是發生在他自己的心目中。這樣，歷史的哲學除了哲學的歷史，他自己的哲學歷史以外便沒有別的了，這不再是「歷史按照時間的順序」，而是「理解中的觀念的連續了」。他相信他是在由思想的運動以構成世界，然而他祇是以統系地去重建，和用絕對的方法去把在各人頭腦中的思想加以分類而已。

觀察 二

經濟的範疇祇是理論表現，社會的生產關系的，抽象化而已，普魯東像一個眞正的哲學家一樣把事物都上下倒置的，看現實的關係，沒有別的祇是這些原則，這些範疇的具體化身，這些原則和範疇是睡着的，——這位哲學家普魯東如此告訴我們——在「人類的非個人的理性」的胸中。

經濟學家普魯東很了解：人在一定的生產關係中，織布，麻紗，或絲織物等。但是他所不了解的是：這些一定的社會關係正如麻紗，亞麻布等等，也一樣是由人生產出來的。社會關係與生產力有密切的聯繫。獲得新的生產力時，人就改變了生產的方式，改變了他們生產的方式時，他們又改變了謀生的方法——他們就改變了他們所有的社會關係。用手推的磨子的時候是封建主的社會，用蒸汽機的磨子時則有工業資本家的社會。

同是這些和物質生產力一致的建立社會關係的同人，也和他們的社會關係一般地產生了原則，觀念和範疇。

所以這些觀念，這些範疇，也像他們所表現的關係一樣，是不永久的。他們是歷史的和一時的產物。在生產力中有繼續的長大運動，社會關係中有繼續的毀滅運動，在觀念中也有繼續的形成唯一不變的東西是運動的抽象化——不死的死（mors immortalis）。

觀察　三

每一社會的生產關係形成一個總體。普魯東以爲經濟關係像許多社會狀態一樣，互相產生，如由正題產生反題一樣，由這一個發生那一個，和在它們論理的順序中實現人類非個人的理性。

這方法的唯一障礙是：當普魯東審查其中一個狀態時，不依賴其他的一切社會關係就不能把它來說明；這些社會關係，用他的辯證法運動方法所不能產生的。其後當普魯東用純理性的方法，去進行產生這等其他的狀態時，他把它們當作新生的嬰孩一樣。他忘記了它們是和最初的狀態是同年紀的。因此，爲了要達到他所認爲是所有經濟發展的基礎的價値之構成，就不能放棄勞動分工競爭等等來做。然而在系列當中，在普魯東的了解當中，在論理的順序當中，這些關係仍舊是不存在的。

用經濟學的範疇來建築起觀念體系的大廈，社會制度的肢體脫臼了。社會的各種肢體是轉換在這許多的分離的社會裏的，這些社會係彼此連屬。眞的，一個單獨的運動，連續，時間，的論理公式，如何能夠說明一切關係同時並存，並且互相支持的社會結構呢？

觀察　四

現在，讓我們看看普魯東把黑智爾的辯證法應用到政治經濟學去的時候，有了什麼變化。

在普魯東看來，每一個經濟範疇都有兩方面——一面是好，另一面是壞。他對於這些範疇的看法，好像小資產階級歷史上的偉大人物一樣：拿破崙是個偉人，他做了許多好事，也做了許多壞事。

在普魯東看來，這好的一面與壞的一面，利益與有害，合攏來便成爲每一經濟範疇中的矛盾。

這問題的解決法是：排除壞的方面，同時保存好的方面。

奴隸制度像任何別的一樣也是經濟學的範疇。所以它必定也有兩方面。我們把奴隸制度的壞的一方面不管，來談好的一方面。不必說，我們祇是講直接的奴隸制度，即在蘇里南，在巴西，在北美南部國家的黑奴制度而已。

直接的奴隸制度同機器信用等等一樣，同是資產階級的工業的樞紐。沒有奴隸制度，就沒有棉花，沒有棉花，就沒有近代的工業。使殖民地有價値的就是奴隸制度，造成世界貿易的就是殖民地，而世界貿易便是大工業的先決條件。這樣說來，奴隸制度是最重要的經濟範疇。

沒有奴隸制度，那些最進步的國家，北美，就會變成家長制的國家。如果把北美從世界地圖上抹去，那麼，就會變成無政府狀態——近代商業和文明完全衰落。如果要消滅奴隸制度，那麼就會把美國從國民地圖上抹去。*

因爲奴隸制度是一種經濟學的範疇，所以它常常存在於民族的慣例中。近代國家把奴隸制度在他們自己的國內僞裝着，但在新大陸就公然施行了。

普魯東怎樣救濟奴隸制度呢？他會提出這樣的問題：保存這一經濟的範疇好的一方面，排除壞的一方面。

黑智爾沒有什麼問題要提出來的。他祇有辯證法。普魯東所得到的祇是黑智爾辯證法中的術語而已。在他看來，辯證法的運動就是他自己的對於好壞的獨斷能了。

讓我們暫時把普魯東本身當作一種範疇來看。讓我們來觀察他的好與壞，他的益與害。

如果他比黑智爾有益，那便是他敢提出問題，這些問題是他保持了解決人類較大幸福的權利；另一方面，他有他的害，就是當他由辯證法的「陣痛」以產生一種新範疇時，他會受到不育性的打擊。那構成辯證法的運動，是互相矛盾的兩方面同時並存，兩方面的鬥爭和融合成爲一新的範疇。提出排除壞的方面的問題來，只會切斷辯證法的運動。這並不是範疇因其本身的矛盾的性質而確立和對自己對立，卻是普魯東在這範疇的兩面中間激動，困惑和焦急而已。

陷入這個絕路中，很難以合法的方法脫離的，普魯東只能實行飛躍，一跳把他送到一種新範疇。於是悟性中的連續就在他驚異的眼光前出現了。

* 在一八四七年這是完全對的。在那時，美國的國際貿易祇限於外來的移民和工業生產品的入口，棉花和烟草的出口，那是，奴隸勞動的生產品。北部諸邦奴隸等級主要的是生產穀類和肉類。只有當北部爲出口而生產肉類和穀類時，也變成了一個工業國家，并且當美洲的棉花專賣在印度，埃及，巴西等地遇到強有力的競爭時，奴隸制度的消滅變成可能。正就是在那時，這使南部衰敗了，南部想用印度的變相奴隸制度和中國的苦力，代替公開的黑奴制不曾得到成功。——一八八五年德文版中恩格爾斯註。

他把手頭的第一個範疇抓住了，任意的給它一種補救的性質，使範疇的弊端因之而澄清。由此，假如我們相信普魯東，租稅補救壟斷的弊端，交易的平衡補救租稅的弊端，土地的所有權補救信用的弊端。

把經濟的範疇如此一個一個的連續下去，而使這個成爲另一個的解毒劑，普魯東把這矛盾的混合物和對於矛盾的解毒劑的混合物，做成兩部矛盾的書，他給了這兩部書很正確的名稱：經濟學矛盾的體系。

觀察　五

「在絕對的理性中，所有這等觀念……都是同樣的簡單和普遍……其實，我們祇有用我們觀念搭一座鷹架，才能得到知識。但是，眞理本身是離開辯證法的表記而獨立的，和從我們精神的結合裏解放。」（普魯東原著，二卷，九七頁。）

這裏是完全突然的，用一種開關轉扭，我們現在已知道其中的秘密，把政治經濟學的形而上學變成一種幻想了！普魯東從沒有說過一句更眞實的話。的確，當辯證法的運動過程一旦變成了這樣簡單的過程時——即好和壞的對立，發出傾向於排除壞的問題，和把這個範疇作爲另一個範疇的解毒劑，——這些範疇就失去了自發性；觀念不再發生作用；失掉它內部的生命了。觀念不再站立或分解成爲範疇。範疇的連續已變成了一種鷹架。辯證法已不再是絕對理性的運動。辯證法不存在了，至多也不過是一種極純粹的道德罷了。

當普魯東談到悟性中的系列範疇之論理連續時，他積極的宣言，他不願把依照時間次序的歷史發表，那是，在普魯東的眼光中，範疇表現在歷史的順序中的。這樣，在他看來，一切事物都發生在理性的純粹以太中。一切事物都是由辯證法的方法從以太中發生出來的。現在，他把辯證法放在實踐中時，他的理性便不行了。普魯東的辯證法與黑智爾的辯證法相背馳，現在我們見到普魯東陷於不得不說他所指的經濟學範疇的順序，不是經濟學範疇互相發生的順序的情形。於是經濟的進化不再是理性本身的進化了。

那麼，普魯東給了我們什麼呢？眞實的歷史，依照普魯東的了解是範疇在時間的順序中表現他們自己的連續嗎？不！歷史如在觀念中發生出來的嗎？更不是！那是，既不是範疇的凡俗的歷史，也不是神聖的歷史！那麼他究竟給了我們什麼樣的歷史呢？他自己的矛盾的歷史。讓我們來看諸矛盾如何進行，它們如何把普魯東拖在它們的進行中。

在未說到等六個重要觀察所引起的查考以前，我們還有另一個重要的觀察要說明。

讓我們且認淸普魯東的眞實的歷史，歷史依照時間的順序，是歷史的連續，在這中間，觀念範疇和原則自行表現出來。

各原則都有其所表現的世紀。例如威權的原則表現於十一世紀，正像個人主義的原則表現於十八世紀。正當的說來，是世紀屬於原則，而不是原則屬於世紀。換句話說，是原則造成歷史，而不是歷史造成原則，因而，爲救濟原則與世紀雙方的時候，我們問問自己，爲什麼這樣一種原則不會表現在別的世紀而會表現在十一或十八世紀，我們必須要竭力精密的查考十一世紀的人是怎樣的，十八世紀的人又是怎樣的，他們各自的需要是什麼，他們的生產力，他們的生產方法，他們生產的原料——總而言之，人與人之間的關係是什麼，這種人與人之間的關係便是造成了一切這等生存的條件。把這些問題問到底——這是什麼呢，不就是研究各一世紀中，人的眞實的世俗的歷史，和這些出場的人們，同是他們自己的劇本中之劇作家和演員嗎？但是，你把人當作他們自已劇本中的作家和演員時，——稍爲曲折一些——你便達到了眞實的出發點，因爲你已經放棄了你以前所說永久的原則了。

普魯東甚至還沒有完全走到爲一個空想家要達到歷史的大道去時所經過的交叉路。

觀察　六

讓我們跟着普魯東一同走到這交叉路。

我們且承認那些被看作不變的定律，永久的原則，觀念的範疇的經濟關係存在於積極的和活動的人類工作之前；我們更承認這些定律，原則及範疇，自古以來就潛伏「在人類非個人的理性中」。我們已經看到，在那些不變不動的永久性中，是不會留下有歷史的；至多是歷史在觀念中，那就是，歷史反映在純理性的辯證法運動中。普魯東這樣說，在辯證法運動中，觀念是不復有區別，他取消了運動的影和影的運動，這些東西、人們還至少可以拿來創造歷史的相似物。不但如此，他把他自已的無能歸咎於歷史。他責備一切，甚至法文也在內。「這是不對的」，這位哲學家普魯東說：「說某事發生，某物產出：在文明中，如在宇宙中一樣，自永恒以來，一切都存在，一切都活動着。這可應用於整個社會經濟。」（第二卷，一〇二頁。」

矛盾的生產力是多麽偉大，它發生作用，並使普魯東發生作用，那是普魯東想解釋歷史，但他不得不否認歷史，他想解釋社會關係的連續發生，但他又否認任何事物可以發生；他想解釋生產及其一切階段，但他又疑惑任何事物可以產生。

這樣，在普魯東看來，是不復有任何歷史：不復有任何觀念的連續。然而他的書仍舊存在；這本書用他自己的話來說正是「歷史依照觀念的連續」。我們如何找尋一個公式，因爲普魯東就是一個講公式的人，幫助他祇一躍便弄清楚一切的矛盾呢？

因這結果，他發明了一種新的理性，它既不是純粹和純潔的絕對理性，也不是人類在各時期中生活和活動的普通理性，却是一個十分獨特的理性——個人，社會，人性的理性——在普魯東的筆底下，有時也形成如社會的天才，一般的理性，或者，最後如人的理性。然而這種理性，在許多名稱的裝飾之下，常常流露出來，好像是普魯東個人的理性，同他的好和壞的方面，他的解毒劑和他的問題。

「人的理性不會創造眞理」，隱藏在絕對的，永久的理性的深處的。它只能顯現眞理。但是，至今所顯現出來的眞理是不完全，不充分的，所以是矛盾的。因此，經濟的範疇，它們本身的眞理是由人的理性，社會的天才所顯露，所發現，所以也同樣是不完全的，並且包含着矛盾的根源。在普魯東以前，社會的天才所看到的祇是對立的原素而不是綜合的公式，兩者同時隱藏在絕對理性中。經濟的關係，祇不過在地球上實現不充分的眞理，不完全的範疇，矛盾的觀念，所以，經濟的關係本身是矛盾的，表示兩方面，一方面是好，另一方面是壞。

去找尋完全的眞理，充分的觀念，和消滅矛盾的綜合公式，這是社會天才的問題。也可以看出，爲什麽在普魯東的幻想中，從這一個範疇攻入另一個範疇時，輕視一切範疇的同是這一社會天才從來不從上帝手中或從絕對的理性中取得一種綜合的公式的理由了。

「首先，社會（社會的天才）定立一件基本事實，發生一種假定……眞實的自相矛盾，它的對立的結果，發展在社會的經濟中，正如在精神上所能演繹的後果一般；所以，工業的進展，依從諸觀念的一切事件之演繹，分成兩部份，一方面是有用的效果，一方面是破壞的結果，把這兩面性的原則結構調和起來，并解決這種矛盾律，社會便發生了第二個原則，而第三個原又隨之而起，社會天才的進行便是如此情形，直到所有的矛盾都沒有了，——我設想，雖是沒有證明，人類的矛盾有一個止境的——它回過來一躍就到它一切的原狀，而有一個簡單的公式解決所有的問題。」（一卷，一三五頁。）

正如以前反題轉成解毒劑一樣，現在正題變成了假定。這種語句的變換，出之於普魯東，已不足以使我們驚異了！人的理性，它是決不純粹的，因爲祇有不完全的觀察，所以每一步都遇着新的問題需要解決。在絕對理性中所發現的每一個新的正題，它是第一個正題的否定，在它本身說來，是一種綜合，它非常天然的被認爲是疑問中的問題的解法。因此，在日新不已的矛盾苦惱中的理性，直到了矛盾的末了，才舉得所有的正題和綜合祇不過是矛盾的假定而已。在它走頭無路的時候，「人的理性，社會的天才，一躍而到回了一切它的原狀，而一個簡單的公式解決了所有的問題。」這種唯一的公式，便是造成普魯東眞正的發明。這就是構造的價值。

假定祇是爲了一定的目的而設立的。從普魯東口中所說的，放在第一位的目的即社會天才是在每一個經濟的範疇中排除壞的部份因而祇有保存好的部份。在他看來，好的，最上的幸福，眞正的實際的目的，就是平等。然而，爲什麼社會天才的目的不在於不平等，友愛，天主教，或別的原則，而寧可提出平等呢？因爲「人類爲了一個最高的假定而繼續實現出許多各別的假定」，這實際上就是平等。換一句話說，因爲平等是普魯東的理想，他想像：勞動分工，信用，工廠，所有的經濟關係，都爲了平等的利益而發明的，然而，這些結果却回過來反對平等。歷史和普魯東的假想步步都有矛盾，所以後者的結論就是矛盾，如果有矛盾，它便是存在於他的固定的觀念和現實的運動之間的。

從此，經濟關係的好的一方面便是確定平等，壞的方面便是否認平等而確定不平等。每一個新的範疇是社會天才去排除由以前的假定所產生的不平等之假定。簡而言之，平等是原始的企圖，神秘的傾向，天神的目的這些都是社會的天才旋轉在經濟矛盾的圈子中而永遠表現在面前的。因此，神是火車頭，使普魯東的經濟的行李，比他的純粹而飛散的理性進行得更好些。他把繼租稅一章之後的一整章都奉之於神了。

神，神的意志，是今日用來解釋歷史進展的偉大的字眼。其實，這字眼並沒有解釋一切。至多不過是一種修辭的形式，解釋事實的各種方法之一。

在蘇格蘭，地產確實因英國工業的發展而得到新的價值。這種工業爲了羊毛而開闢了新的銷路。爲了可以使羊毛大量生產，便要將耕地變成牧場。爲了要完成這種改變，必定要集中地產。爲了要集中地產，首先要消除小耕作地，數千佃戶被驅逐出他們的故鄉，幾個牧羊者代替了他們的位置而要負責管理數百萬的羊羣。這樣，繼續不斷的改變，結果使蘇格蘭的地產，人被羊驅逐出去。照現在說，在蘇格蘭的土地私有制，是神的旨意，而神的旨意便是叫羊將人驅逐出去，那麼，你將造成一部神的歷史了。

固然平等的傾向是屬於我們的世紀的，現在如果說，具有完全不同的需要及生產方法等等的過去幾世紀，爲了實現平等而神意的工作着，那麼，首先就要以我們這世紀的人和方法替代過去的人和方法，且誤解了歷史的進展，歷史的進展是歷代把前代所得的結果加以改變。經濟學家都很知道：同樣的一件物品，在這種人看來是已經完成的生產品，但別種人看來祇不過是可以供新生產的原料而已。

像普魯東一樣，假定社會的天才製造了（或者更可說臨時作成了）封建的諸侯，神的旨意是將佃戶變成有責任的和平等地位的勞動者：那麼，你就可當作這種神意的目的和人物的替代，就是在蘇格蘭造成土地私有制，以羊驅逐人爲榮。

但是，自從普魯東對神有如此深情的興趣，我們就請他去看威羅諾夫，巴其曼(M. de Villenuve-Bargemont) 的經濟學史。這位先生，也是在神意的目的後面追逐的。這個目的，無論如何，不是平等，而是天主教。

觀察七，最後的觀察

經濟學家們有一種奇特的方法或手續。他們以為祇有兩種制度，人為的與自然的。封建制度是人為的制度，而資產階級的制度是自然的制度。在這一點上，他們像神學家，要建立兩種宗教。各種不屬於他們的宗教是人的發明，他們自己的宗教是上帝的分出物。當他們說今日的關係——資產階級的生產關係——是自然的，經濟學家們告訴我們，這種關係，就是財富的增加和生產力的發展，是和自然的法則相一致的。因此這些關係的本身是自然的法則，和時間的影響是毫無關係。它們是永久的法則，必定經常支配着社會。因此曾經有歷史存在，但是現在却沒有了。自從封建制度以來，曾經有過歷史，并在封建制度中，我們發現和資產階級社會十分不同的生產關係，後一種生產關係是經濟學家們嘗試着要冒充為自然的和必然永久的。

封建制度也有它的無產階級——農奴，包含了無產階級一切萌芽的農奴。封建的生產也有兩個對抗的原素，即被稱為好的方面和壞的方面，無疑的，壞的方面最後勝過了好的方面。是壞的方面引起鬥爭而產生進展，造成歷史。假如當封建制度統治的時期，這些經濟學家們對於武士的德行，權利和義務間的和諧，城市的族長生活，鄉村中家庭工業的興盛狀況，由工業的發展而組織成的團體，同業公會，同業聯合社，總而言之，對於那構成封建社會好的一方面的一切事物有了熱忱，便提出了消除投黑影在畫上的一切事件——農奴制度，特權制度，無政府狀態——的問題，結果會怎樣呢？把引起鬥爭的一切原素消滅了，在萌芽中的資產階級的發展也摘除了。那便是提出了消除歷史的可笑問題。

當資產階級得到勝利以後，就沒有封建制度的好或壞的問題了。由資產階級在封建制度之下所發展的生產力，現在已爲資產階級所占有了。所有，舊的經濟形式，適應這種形式的公民關係，爲舊公民社會官式表現的政治狀況，都被破壞了。

因此，正確的判斷封建生產，必須把它當作一種建立在對抗之中的生產方式來考察。必須指出在這樣對抗之中財富如何產生，生產力和階級對抗如何同時發展，階級之一，即壞的方面，即社會的弊病，如何逐漸擴大，直到解放的物質條件得到完全成熟的地步。這不就是說，生產的方法，生產力所發展的關係，決不是永久的法則，而是合乎人及其生產力一定的發展，并且在人的生產力的變換中，必然引起他們生產關係中的變化嗎？第一要緊的，在不使奪去文明的果實，即已經獲得的生產力，必須破除產生這種生產力的傳統形式。自此以後，革命階級就成爲保守的了。

資產階級和無產階級同時開始的，無產階級也是封建時代無產階級的一種遺物。在歷史的發展過程中，資產階級必然發展它的對抗的性質，不過在開始時候多少是遮蔽着的，祇在潛伏狀態中存在。在資產階級發展時，它的內部發展了新的無產階級，即近代的無產階級；在無產階級與資產階級中間也就發展了一種鬥爭，而這種鬥爭，在沒有被雙方感覺認識估量，明瞭承認公然宣佈以前，開始祇不過是部份的和一時的衝突，在破壞的行爲中預表現出來而已。在另一方面，如果近代資產階級的一切分子有相同的利益，他們就可以形成一個階級反抗他們所反對的另一個階級，如果他們的利益是對抗的，那麼他們就站在敵對的地位了。這種利益的對抗是由於他們資產階級的生活的經濟條件的緣故。於是一天一天的明顯起來，資產階級所進行的生產關係，不是簡單一致的性質而是雙重性質的；在生產財富的同一關係中，貧苦也產生了，在生產力發展的同一關係中，壓制推進的力量也產生了；這些關係產生了資產者的財富，即資產階級的財富，祇不過是由於繼續消滅資產階級中個別分子的財富和產生了，日漸長成的無產階級的緣故。

對抗的性質愈見明顯，爲資產者生產的科學上之代表的經濟學家們和他們自已的理論也更加衝突了；於是，便產生了各種不同的學派。

那些命運論的經濟學家們，在他們的學說中，忽略了他們所稱爲資產者生產的弊病，正如在那些資產者的實踐上，忽略了那些幫助他們獲得財富的無產階級的困苦。在命運論的學派中，有古典派和浪漫派。古典派，如亞當司密士和李嘉圖，代表了資產階級，這階級還繼續和封建社會的殘餘鬥爭，一面卻同時祇是剷除封建遺跡的經濟關係，增加生產力，給予工商業一種新的動力。無產階級參加了這種鬥爭，專心於這種熱狂的勞動經歷，祇是一時的，偶然的痛苦，而他們自已也以爲是這樣的。像亞當司密士和李嘉圖等經濟學家，他們是這一時代的歷史家，他們除了指出在資產者的生產關係中財富如何獲得，把這些關係如何製成範疇法則，並指明這些法則和範疇對於財富的生產比封建社會的法則和範疇是如何的優越以外，就沒有別的使命了。在他們看來，貧苦在自然和在經濟中一樣，祇是伴着人的出世而來的一種痛苦。

浪漫派屬於我們的時代，即資產階級和無產階級處於直接對抗的時代，在這時代中，貧苦產生了並達到和財富同樣的擴大。現在，這些經濟學成爲疲憊的命運論者，從他們高高在上的地位上，對那些製造財富的人類的動力投射出傲慢而輕視的眼光。他們抄襲前輩所發的議論，而這種忽略在前輩不過是質樸天眞的，在他們却變成賣弄風情了。

其次說到人道派，他們注意現在的生產關係之壞的方面。他們爲了安慰良心，稍稍掩飾了事實的對比，眞誠的嘆息無產階級的痛苦，資產階級中間放縱的競爭，他們忠告工人要節省些，努力的工作，和少生幾個小孩；他們勸告資產者在生產中要有理由的熱心。這學派的全部學說，都停留在理論和實際，原則和結果，理想和應用，形式和內容，本質和現實，權利和事實，及好的方面和壞的方面之永久的區別上。

博愛派是人道派之達到完全者。他們否認對抗的必然性；他們想使一切的人都變成資產階級，他們從理論和實際有區別並且理論不含有對抗性的範圍內想實現理論。在理論上，毋庸贅述，是很容易把實際中所時常遇見的矛盾抽象化。那麼，這種理論變成理想化的現實了。於是，這些博愛主義者保持表示資產者之關係的範疇，而除去構成資產階級的關係并與之不可分離的對抗。他們想，他們是嚴厲的在和資產階級的實際作戰。但他們比別人更資產階級化些。

猶如經濟學家是資產階級的科學上的代表，同樣，社會主義者和共產主義者是無產階級的理論家。在無產階級還沒有充分發展成爲一階級時，因之無產者和資產者的鬥爭還沒有一種政治的性質，在生產力還沒有在資產階級本身的內部充分發展，而可以預先看出爲無產階級的解放與一個新社會的形成所必要的物質條件來，這些理論家祇是爲被壓迫階級的需要而理出統系並追求一種革新的科學的空想家而已。但在歷史向前進行而無產階級的鬥爭隨之刻劃得很明白的時候，他們不再需要在精神上尋求科學，他們祇要說明在他們眼前所發生的是什麼而變爲這現象的代述者好了。當他們尋求科學而祇造成統系的時候，當他們在鬥爭開始的時候，他們在貧苦中祇看見貧苦，而沒有看見革命的推翻舊社會的破壞的一方面。從此以後，由歷史推展所產生的，并和它結合成爲充分的知識的科學，已經不再是空論而變成革命的了。」——

譯者短記

本手册依據英國朋司（E. Burns）所選輯的馬恩哲學選譯而成。開手時還在抗戰時期，因事擱下來，直到現在，而且還得女兒曄的幫助，方才完成。她譯了居住問題及哲學的貧乏這兩部分，我校過一遍，但恐（與其他部分）仍有錯誤竄入，讀者如有發見，請告訴我們，以便改正。

朋司選輯本的好處，在於把許多直接反駁對方的話删掉了，（必要的還是留着——其實大體都是鬥爭性質的），把正面說明新哲學的道理的摘出來。這樣一來，讀者讀的文章可以減少，而道理反容易明白，對於事情忙的讀者實有便利。例如，杜林的謬論正當在工人階級裏發生影響的時候是需要把他詳細反駁的，現在他的話早已成了過去，祇要讀恩格爾斯積極的辯證唯物論的說明也就可以了。

但還有一個願望，祇能在再版中來做了：便是加上列寧的唯物論與經驗批判論的摘要，與斯大林的辯證唯物與歷史唯物論全文。而且增加一兩種國內的名著，也是必要的，不過此刻來不及這樣做。

譯者記　一九四七年十月二十四日